AF501933

P. LETHIELLEUX, ÉDITEUR, PARIS

L'Étoile du Carmel

Collection " FEMMES DE FRANCE "

Chaque volume in-12 écu de 128 à 144 pages

1. — **Madame de LA FAYETTE**, par C. Lecigne, Docteur ès lettres.

(Les numéros 2, 3, 4, 5, 9, 10, 14, 16 et 18 sont du même auteur)

2. — **Mademoiselle de MONTPENSIER**

3. — **GEORGE SAND**

4. — **Madame de SÉVIGNÉ**

5. — **Madame de STAEL**

6. — **Eugénie de GUÉRIN**, par A. Prat, Professeur au Lycée de Versailles.

7. — **Madame Octave FEUILLET**, par J. de Varreilles-Sommières.

8. — **Mademoiselle de LESPINASSE**, par A. Prat, Professeur au Lycée de Versailles.

9. — **Madame Julie LAVERGNE**

10. — **Madame de LAMARTINE**

11-12. — **Les Femmes de Port-Royal**, 2 volumes, par le Chanoine A. Delplanque, Professeur aux Facultés libres de Lille.

13. — **Madame de MAINTENON**, par Robert Havard de La Montagne.

14. — **Madame DESBORDES-VALMORE**

15. — **Madame de SÉGUR**, par M. Sully.

16. — **Duchesse d'ABRANTÈS**

17. — **Mademoiselle de SCUDÉRY**, par Robert Havard de La Montagne.

18. — **Madame SWETCHINE**

19. — **MARIE-JENNA**, par Elie Maire.

20. — **La marquise de RAMBOUILLET et MALHERBE**, par le Chanoine A. Delplanque.

21. — **Quelques femmes dévouées inspiratrices de LAMARTINE**, par A. Delplanque.

22. — **Madame ACCARIE**, par l'Abbé Léman.

23. — **Les femmes de Saint-Cyr**, par le Chanoine A. Delplanque.

JACQUES D'ARS

L'Étoile du Carmel

Vie de Sainte Thérèse de l'Enfant-Jésus

« Cette chère étoile qu'est Thérèse de l'Enfant-Jésus. »

S. S. PIE XI.

PARIS (VIe)
P. LETHIELLEUX, LIBRAIRE-ÉDITEUR
10, RUE CASSETTE, 10
1926

NIL OBSTAT.

PH. MAZOYER, *pr.*

Imprimatur.

Parisiis, die 12a Julii 1926.

V. DUPIN, *v. g.*

Cet ouvrage a été déposé, conformément aux lois, en août 1926.

AVANT-PROPOS

Aux Jeunes Filles qui liront ce livre

Nous présentons ce livre à tous, mais surtout aux jeunes filles, catholiques ou non, qui cherchent, en notre temps de désarroi moral, une amie sincère capable de les conseiller!

Qu'elles méditent la vie de celle qu'on a appelée familièrement la Petite Sœur Thérèse ; *et elles y trouveront les leçons et les exemples dont elles ont besoin, donnés par une charmante compagne, une jeune fille comme elles, disparue de ce monde à l'âge de vingt-quatre ans!*

Oh! ce que Thérèse leur propose, ce n'est pas de la suivre sur les hautes cimes morales où elle est parvenue ; elle sait bien qu'elle s'adresse à des petites âmes, *et elle ne veut leur demander que des vertus ordinaires mais solides.*

Elle les supplie d'être, comme elle le fut, simples, obéissantes, pieuses, gracieuses même ; en un mot, de rester de VRAIES JEUNES FILLES, *et de ne pas imiter les poupées à la mode qui sont burlesques, délibérément égoïstes, laides moralement et physiquement!*

Nous souhaitons à nos jeunes lectrices de répondre aux supplications de leur sainte et petite amie ; et aussi de puiser, dans la vie de la jeune Carmélite, l'esprit de foi qui leur permettra de se montrer vraiment chrétiennes même au milieu du monde.

La Valette du Var,
Décembre 1925.

Jacques d'Ars.

CHAPITRE I

UNE TOUTE PETITE AME

Les parents de Thérèse Martin. — Sa naissance : une prédiction. — Les quatre sœurs de l'enfant. — Petites filles d'autrefois et d'aujourd'hui. — L'enfance pieuse de Thérèse. — Mort de Madame Martin. — Sa famille va habiter Lisieux : description des Buissonnets. — Une promenade sous les étoiles ; une autre devant la mer.

La famille française d'autrefois était charmante et unie, pourquoi ?

Parce qu'à son foyer florissaient deux vertus solides et limpides comme le diamant : la simplicité et l'obéissance...

C'est la simplicité du cœur qui rend les mœurs pures et douces et nous préserve des ambitions frénétiques et des plaisirs fous qui sont la plaie du jour ; c'est elle qui crée le bon sens, cette qualité jadis si française ; c'est elle qui rend la vie sereine et qui nous conduit vers Dieu, la Simplicité Suprême. L'*Imitation* l'a dit : « *L'homme s'élève au-dessus de la terre, sur deux ailes : la simplicité et la pureté.* »

Quant à l'obéissance, elle est le sel de la famille, sel nécessaire à sa conservation. C'est l'obéissance qui incline la tête des enfants devant la royauté du père et de la mère : véritable royauté en effet, car Dieu et la nature n'ont pas voulu que la famille fût une république, la volonté d'un chef étant indispensable pour y maintenir l'ordre. C'est pour avoir oublié ce grand principe que tant de familles françaises tremblent aujourd'hui sur leurs fondements !

Certes, il n'y eut rien de pareil dans l'entourage de la sainte dont nous présentons la vie : Marie-Thérèse Martin, en religion Sœur Thérèse de l'Enfant-Jésus ; et l'on peut dire que si celle-ci a été une fleur exquise de sainteté, après Dieu, c'est à sa famille qu'elle le doit !

Elle-même l'a reconnu quand elle a dit « *qu'elle plongeait ses tendres racines dans la terre aimée et choisie de la famille, où se trouvait le suc nécessaire à sa subsistance* ».

Supposons pour un instant que Marie-Thérèse, qui avait une intelligence peu commune et une sensibilité extraordinairement vive, ait été élevée dans un autre milieu moins chrétien ou même mondain, serait-elle devenue une sainte ? On peut en douter !

Vraiment, sauf quelques exceptions, les saints ont besoin non seulement de la grâce, mais encore d'être annoncés par leurs ascendants, comme les fleurs ont besoin pour s'épanouir non seulement du soleil, mais encore d'un terrain fertile.

Pour expliquer donc l'âme de Thérèse sur laquelle nous allons nous pencher, il est tout naturel que nous commencions par décrire en deux mots l'âme de son père et de sa mère.

Celle de son père Louis Martin était certainement imprégnée de foi et d'enthousiasme.

A l'âge de vingt ans par exemple, il quitte Alençon, où il habite dans sa famille, et il entreprend le voyage du Grand Saint-Bernard ! En 1843, ce n'était pas une petite affaire. Il fallait accomplir en diligence ou à pied un trajet d'au moins quinze jours ; et arrivé en Suisse, à Martigny, il fallait encore parcourir près de 45 kilomètres, sur un petit sentier d'un mètre de largeur, bordé parfois d'immenses précipices, avant d'atteindre le monastère, situé à 2400 mètres d'altitude. Le jeune homme dut couper la route en deux, et coucher à Bourg-Saint-Pierre, à la seule auberge du village, qui a cette enseigne : « *Au petit déjeuner du Grand Napoléon.* » Peut-être même s'assit-il dans le grand fauteuil où se reposa jadis quelques instants le général Bonaparte, traversant le col avec une armée de 45000 hommes, en l'année 1800 ; c'était là un souvenir qui ne pouvait manquer d'intéresser Louis Martin, dont le père avait été capitaine et avait certainement servi sous *l'Autre.*

Le pèlerin, arrivé enfin au monastère, fut salué par le père clavandier, qui reçoit les voyageurs, et aussi par la meute des superbes molosses célèbres dans le monde entier; puis il désira voir le Prieur, peut-être même le Prévôt, qui a rang de prélat. Il demanda naïvement, tout de suite, s'il ne pouvait être admis comme novice parmi les religieux, chanoines réguliers de Saint-Augustin.

Cette démarche, c'est de l'enthousiasme pur ; il y a quelque chose du Croisé dans ce jeune homme, et ce trait nous le retrouverons plus tard dans Thérèse, qui à dix ans admirait les récits chevaleresques et la vie héroïque de Jeanne d'Arc, et qui plus tard, une fois carmélite, priera spécialement pour les missionnaires. Son illustre patronne Thérèse d'Avila n'avait-elle pas eu, elle aussi, de pareils enthousiasmes, étant petite fille ? Ne voulut-elle pas aussi partir pour la croisade contre les Maures, avec son frère Rodrigue ?...

Ainsi l'acte de Louis Martin présage l'avenir ; le père explique la fille, et la fille procède du père ; tout s'enchaîne, à y regarder de près...

On répondit au jeune homme qu'on ne pouvait l'admettre, parce qu'il ne savait pas le latin ; on l'engageait d'ailleurs à se représenter dès qu'il posséderait la langue de la liturgie ! Il redescendit du Grand Saint-Bernard peut-être un peu désillusionné, content quand même sans doute de son excursion ; et il s'en retourna, comme il était venu, à Alençon, où un autre avenir l'attendait !

Chose curieuse, chez la mère de Thérèse, il s'est produit aussi un moment d'enthousiasme chrétien.

Mademoiselle Marie Guérin, qui habitait aussi Alençon, sollicita son admission à l'Hôtel-Dieu des Sœurs de Saint-Vincent-de-Paul ; elle avait rêvé de se donner tout entière à ceux qui souffrent ! Elle non plus ne put réaliser son désir. Sans le savoir, son âme, poussée par une similitude évidente, marchait vers l'âme du jeune homme dont nous avons parlé, et, en attendant cette rencontre, elle se promit, si elle se mariait, d'être une mère admirable dans toute l'acception du mot. Elle demanda à Dieu d'avoir beaucoup d'enfants pour les lui consacrer tous !

Ces deux jeunes gens si bien faits l'un pour l'autre se rencontrèrent enfin, se plurent et furent mariés en juillet 1858, dans l'église Notre-Dame d'Alençon, assez banale à l'intérieur, mais dont le porche à auvent avec ses trois arcades ogivales a un aspect de reliquaire.

La prière de Madame Martin fut exaucée ; elle eut neuf enfants, dont quatre, garçons et filles, moururent en très bas âge, et dont les cinq autres, toutes des filles, furent appelées successivement Marie, Pauline, Léonie, Céline et *Marie-Françoise-Thérèse*, notre petite sainte.

Celle-ci naquit le 2 janvier 1873 dans une maison de la rue Saint-Blaise, où Monsieur Martin était venu habiter deux ans auparavant, après avoir vendu son fonds de bijouterie pour ne plus s'occuper avec sa femme que de la fabrication du point d'Alençon. La maison était une assez jolie demeure, ayant au premier étage un balcon de la largeur de toute la façade, balcon sur lequel s'ouvraient trois belles portes-fenêtres.

On raconte, et ce trait est joli, que, le lendemain de la naissance de Thérèse, un enfant pauvre, pour gagner quelques sous, remit aux heureux parents un papier, sur lequel étaient inscrits des vers composés par son père. Les voici :

Souris et grandis vite!
Au bonheur tout t'invite,
Tendres soins, tendre amour...
Oui! Souris à l'aurore,
Bouton qui viens d'éclore,
Tu seras rose un jour!...

C'était une prédiction, comme on en voit dans les légendes d'autrefois; cette petite fille qui venait de naître devait être la sainte des roses!... Elle, la première peut-être, nous a montré la Croix entourée de ces fleurs! Jadis, en des siècles plus rudes et plus chrétiens, on présentait le Crucifix accompagné d'épines ou d'ossements; mais à notre époque moins austère et plus infirme, on eût dit que la Croix devait avoir un sourire pour nous; c'est Thérèse de l'Enfant-Jésus qui nous l'a ainsi montrée. Désormais pour nous sa chère figure est inséparable de ces deux choses : la Croix bien sûr, mais aussi les roses; la souffrance inévitable, oui; mais aussi la joie....

Dès les premières semaines le précieux bébé tomba gravement malade, tellement qu'on le crut mort un instant ; enfin une petite flamme de vie reprit dans ce petit corps, et pour achever la guérison on mit l'enfant en nourrice, à Sémallé, un village tout près de la ville. Fortifiée par le soleil et l'air de la campagne, Thérèse surmonta la crise infantile ; il était dit que nous aurions une sainte nouvelle en France, et quelle sainte !...

La fleur grandit, elle croît de façon normale ; petite fleur blanche, comme elle s'est appelée elle-même, peut-elle ne pas aimer tout ce qui est fleur comme elle ?...

« *Jésus*, a-t-elle dit, *avait mis devant mes yeux le livre de la nature ; j'ai compris que toutes les fleurs créées par Lui sont belles ; que l'éclat de la rose et la blancheur du lis n'enlèvent pas le parfum de la petite violette, n'ôtent rien à la simplicité ravissante de la pâquerette... Les grands saints peuvent se comparer aux lis et aux roses ; mais les petits doivent se contenter d'être des pâquerettes ou de simples violettes destinées à réjouir les regards de Jésus, lorsqu'il les abaisse à ses pieds ! Plus les fleurs sont heureuses de faire sa volonté, plus elles sont parfaites.* »

Thérèse aurait pu tout aussi bien encadrer le Crucifix de fleurs des champs, dont l'humilité ravit le Seigneur ; mais non : elle devait, tout en restant une petite âme, prendre sa place parmi les grandes saintes et par conséquent parmi les roses, selon sa merveilleuse comparaison.....

Comment s'écoulèrent les quatre premières années

de son existence? Oh! de la même façon que vivaient les bonnes petites filles d'autrefois, balbutiant leurs prières sur les genoux de leur mère, entourées d'un essaim de petites sœurs curieuses et attentives à la dernière venue, qu'elles bercent chacune à son tour, comme si elles jouaient à la poupée, plus ou moins délicatement...

D'ailleurs, entre les cinq sœurs du logis de la rue Saint-Blaise, il règne une affection qui ne connaît pas de nuages; il n'y a pas de ces égoïsmes et de ces taquineries qui déshonorent certains enfants.

L'aînée, Marie, a terminé ses études à la Visitation du Mans, et elle s'occupe surtout des deux dernières, Céline et de Thérèse, qui est sa filleule; elle donne à la première des leçons et permet à la seconde d'y assister, à condition qu'elle s'y tienne bien tranquille! L'autre grande sœur, Pauline, s'occupe encore plus peut-être de la petite dernière, et celle-ci lui est très reconnaissante de ses attentions!... Quand on voit celle-ci rêveuse et qu'on lui demande à qui elle pense, elle répond : « A Pauline! » Et si elle entend dire que Pauline sera religieuse, elle pense déjà, dans sa toute petite âme : « Moi aussi, je serai religieuse. »

L'influence de la sœur aînée est visible dès les premières années; cela, Sœur Thérèse de l'Enfant-Jésus l'a reconnu quand elle a écrit que « *ce fut l'exemple de son aînée qui dès l'âge de deux ans l'en-*

traîna vers l'Époux des vierges ». S'il y a un fait indiscutable dans la vie que nous présentons, c'est qu'après Dieu, c'est Pauline, devenue plus tard carmélite, qui a appelé, au cloître de Lisieux, celle qui devait à jamais l'illustrer !

La troisième sœur, Léonie, gardait la petite, quand les parents étaient sortis, et pour l'endormir, elle la berçait de chansons comme une bonne nourrice. Céline avait presque le double de l'âge de Thérèse ; mais c'était sa petite compagne habituelle. Un matin, Thérèse est sortie de son petit lit pour aller coucher avec Céline, et la bonne, qui la cherche pour l'habiller, trouve le *petit furet* embrassant sa sœur et la serrant ! « *Laissez-moi*, dit la toute petite, *vous voyez bien que toutes les deux, on est comme les petites poules blanches ; on ne peut pas se séparer.* » Quel joli mot d'enfant très expressif et immaculé !.....

Voilà la vie, voilà la ronde délicieuse des petites filles chrétiennes de jadis ! Elles avaient bien leur charme ! Avec leur naïveté, leur âme si fraîche et si ouverte, c'étaient de vraies petites filles, en attendant qu'elles devinssent de vraies jeunes filles, polies, discrètes avec tout le monde, tendres, comme il le faut à leur âge !

Thérèse l'a dit excellemment : « *Le Seigneur s'est plu à m'entourer d'amour ; mais, s'il en avait placé tout près de moi, il en avait mis aussi dans mon petit cœur, le créant affectueux et sensible.* »

Tout ce petit monde ignorait les allures précoces et décidées et les mignardises ridicules de nos bébés d'aujourd'hui !

Qu'on se représente la silhouette d'une enfant encore jeune, vers l'année 1877.

Mademoiselle a les cheveux blonds ou bruns pendants dans le dos, avec un nœud rose ou blanc qui en attache les tresses sur le sommet de la tête, ou quelquefois aussi plus bas que la nuque ! Les robes sont montantes avec des collerettes, les manches longues sont serrées au poignet, les petites jupes prennent bien la taille et descendent jusqu'aux mollets ; et, par-dessus, on porte un grand tablier qui recouvre entièrement toute la robe... Les jours de fête, Mademoiselle a une toilette toute blanche, bien propre, soigneusement repassée et qui ne reste immaculée qu'un jour ou deux !... Ce n'est pas très commode ; mais c'est si joli, si féminin, si gracieux ; ou bien la robe est toute rose, ou bleue, avec des broderies et des guimpes ; et là-dessus les cheveux d'or ou d'ébène se détachent à merveille frisés et flottants au vent ! Quand on va à la promenade, on met des petits gants blancs de fil, on a une petite ombrelle unie, et, sur la tête, un de ces grands chapeaux de paille molle qui s'agite au souffle de l'air et sont surmontés d'une magnifique plume blanche ou rose frisée comme celle d'un général !... Mademoiselle au moins est habillée ; elle a vraiment l'air d'une princesse ! Comment ne pas se bien tenir avec un pareil costume? Le costume fait la tenue!

Ah! le bon temps pour les jeunes filles, qui ne reviendra plus peut-être!

Mais retournons à notre petite amie!

Il ne faut pas s'étonner qu'avec une pareille vie, l'enfance de Thérèse lui ait laissé « *une douce et sereine empreinte toute ensoleillée* ».

Il ne faut pas s'étonner que dans ce petit cœur, tout imprégné de fraîcheur, elle ait senti « *des impressions profondes et poétiques à la vue des champs de blé émaillés de coquelicots et de bleuets* ».

Elle raconte que, « *déjà si petite, elle aimait les lointains, les espaces, les grands arbres* ».

Il n'y a que les poètes qui font attention à ces sublimes détails : Thérèse est poète, et elle le restera toute sa vie! C'est là un des traits de son caractère, trait profondément humain, mais qui est à la cime des qualités humaines, tellement qu'il confine aux qualités divines.

« *Souvent*, ajoute-t-elle, *pendant nos longues promenades, nous rencontrions des pauvres; j'étais chargée de leur porter l'aumône, ce qui me rendait bien heureuse.* »

Ainsi elle est charitable; la charité est le complément indispensable de la piété, et nous verrons tout à l'heure combien elle était précocement pieuse!

Pieuse et même portée au mysticisme, pourrait-on dire, dès l'âge le plus tendre!

Un jour, elle savait à peine parler, elle s'avisa, en caressant sa mère, de lui souhaiter de mourir : « *Oh! que je voudrais bien que tu mourrais, ma pauvre petite mère, pour que tu ailles au Ciel.* » — Voilà un mot d'enfant qui n'est pas ordinaire, où la vie de la terre est considérée comme un exil!

Ce souhait était un présage qui ne devait pas tarder à se réaliser, hélas!

Madame Martin tomba malade d'une tumeur, au printemps de l'année 1877, alors que Thérèse avait un peu plus de quatre ans! La mère de famille qui avait fondé cet admirable foyer depuis dix-neuf ans, qui avait mis au monde neuf enfants et en avait élevé cinq, la mère était épuisée!... Pendant sa maladie, pour ne pas la déranger, on éloigna les deux petites dernières, et une voisine se chargea de les garder pendant la journée. Cet éloignement parut étrange aux enfants, qui n'en saisissaient pas le motif; elles s'y soumirent cependant sans trop de chagrin avec la légèreté de leur âge et ne comprenant pas quelle en était la gravité! Dans la journée cependant, elles pensaient à leur chère maman et lui réservaient des fruits, bien inutilement d'ailleurs. Le mal était sans remède, et le jour vint où l'on dut administrer la malade! Monsieur Martin, en homme de foi, voulut que toutes ses filles vissent la mort en face et assistassent à cette cérémonie. Oh! la chère figure, là sur le lit, bien pâle, bien tirée, presque effrayante! Oh! les sanglots du père qui va rester seul au foyer ! Oh ! tout ce mystère inusité qui flotte dans la chambre d'un mourant !

Thérèse ressentit confusément tout cela, regardant, écoutant, se taisant et si glacée qu'elle ne pouvait pas pleurer !

Après l'enterrement de Madame Martin, les petites filles, tout en noir, rentrèrent à la maison ; elles étaient réunies toutes les cinq, quand la bonne leur dit : « Pauvres petites, vous n'aurez plus de mère ! »

Alors Céline se jeta dans les bras de Marie, en s'écriant : « Eh bien ! c'est toi qui seras Maman » ; et Thérèse se chercha aussi une petite mère : « *J'aurais bien dû imiter Céline*, a-t-elle dit ; *mais je pensais que Pauline allait avoir du chagrin et se sentir délaissée de n'avoir pas de petite fille ! alors, je la regardai et, cachant ma tête sur son cœur, je lui dis :* « Pour moi, c'est Pauline qui sera Maman. »

Voici la seconde fois que se produit entre les deux sœurs une attirance irraisonnée, quelque chose comme un phénomène de prédestination mystique ; il faut le noter. C'est à cause de Pauline que Thérèse a pensé à se faire religieuse ; et au moment où Madame Martin meurt, Thérèse, d'un élan spontané, choisit son aînée pour être sa petite mère ! Plus tard, Pauline entrera la première au Carmel, et elle décidera ainsi tout à fait la vocation de sa cadette ; plus tard encore, dans ce même Carmel de Lisieux, elle sera la mère de Thérèse en Jésus-Christ.

Madame Martin disparue de la maison d'Alençon,

chaque soir on y eût trop ressenti son absence; le père de famille résolut de quitter la ville et d'aller habiter Lisieux, ou résidait le frère de la morte, M. Guérin, marié lui aussi, et dont la femme acceptait généreusement de s'occuper des cinq petites orphelines. La famille allait se reformer là, se ranimer auprès d'un foyer collatéral; belle leçon d'union encore aux familles de nos jours, où les collatéraux sont souvent indifférents les uns aux autres, quand ils ne sont pas hostiles!

Monsieur Martin, à Lisieux, alla habiter, un peu en dehors de la ville, une jolie propriété appelée les Buissonnets. C'était la vraie maison de campagne normande : un grand rez-de-chaussée et un premier étage, aux fenêtres toutes pareilles et bien alignées; sur le toit un belvédère, orné de vitres de couleur, au travers desquelles le soleil se jouait, et faisait tout voir en jaune, en rouge, en bleu. Cette pièce sera le séjour préféré de M. Martin, et il y recevra bien souvent sa petite Thérèse. Tout autour de l'habitation, il y a un grand jardin anglais avec des pelouses et des arbres nombreux. Dans cette maison et dans ce décor va commencer une vie nouvelle, d'ailleurs pleine de charmes, pour les cinq filles de M. Martin.

L'aînée, Marie, a maintenant dix-huit ans; elle est grande et brune et veille assidûment sur les cadettes; son père lui a donné un joli surnom, qui lui est venu tout naturellement à lui, ancien joaillier, il l'a appelée *son diamant* ! La seconde, Pauline, c'est sa *perle fine*; elle a seize ans et vient de sortir de pension. Léonie a quatorze ans. Céline a plus de huit ans; elle est pleine de vie et parfois espiègle; enfin, Thérèse est dans sa cinquième année. Elle est bien jolie, « la petite reine du foyer », avec ses cheveux blonds et ses yeux admirables d'un bleu gris, ses yeux qui resteront toute sa vie de velours, de feu et de larmes; fenêtres d'une âme de douceur, d'ardeur et de souffrance.

Suivons notre petite amie à Lisieux, dans ses exercices de piété; elle les accomplit avec un sérieux et un esprit de foi bien rares à son âge. Au souvenir plus tard de ses élans de piété enfantine, voici ce que Sœur Thérèse a écrit :

« *En grandissant j'aimais le bon Dieu de plus en plus et je lui donnais bien souvent mon cœur, me servant de la formule que maman m'avait apprise. Je m'efforçais de plaire à Jésus en toutes mes actions, et je faisais grande attention à ne l'offenser jamais.* »

On peut se fier à la fidélité de ce souvenir; et, au ton même de ces lignes, on voit avec quelle sincérité elles furent écrites; si la petite Thérèse eût pu tracer sa pensée à cinq ans, elle n'eût pas parlé autrement.

Elle fait avec le plus grand soin sa première confession, et se figure tellement que c'est à Dieu lui-même qu'elle parle, qu'elle est toute prête à dire à son confesseur qu'elle l'aime de tout son cœur. Le mystère et l'obscurité du confessionnal l'impressionnent bien un peu ; d'ailleurs elle est si petite qu'elle y disparaît complètement, et au moment où le confesseur tire la grille, il n'aperçoit tout d'abord personne, il entend seulement une petite voix fluette qui sourd d'une petite tête blonde ! Alors, il dit à l'enfant de se tenir debout, et c'est ainsi que Thérèse avoue ses petits péchés. A la fin, on lui parle de la Sainte Vierge, et rien ne peut lui être plus agréable ; car elle a pour la Mère de Dieu une tendresse filiale.

Les fêtes religieuses sont pour elle un enchantement pieux ; à la procession elle n'a garde de manquer ; une couronne de roses sur la tête, elle fait tomber sur le Saint-Sacrement déjà une pluie de roses, présage de la pluie de grâces qu'elle fera tomber plus tard sur les pauvres humains.

Thérèse sanctifie le dimanche de son mieux ; elle va à la grand'messe avec sa famille et se pénètre bien du sermon ; à Complies, elle sent la tristesse du soir ; sans le savoir, elle est exactement dans l'esprit de l'heure liturgique. Vraiment, elle a un réel sens religieux.

Chaque dimanche soir, Madame Guérin invitait l'une de ses nièces à dîner, chacune à son tour. Thérèse était ravie de passer là sa soirée toutes les cinq semaines. L'oncle Guérin se mettait à chanter la romance de *Barbe-Bleue*. On se figure cette scène. La pauvrette était sur les genoux du chanteur, qui, pour doubler ses effets, empruntait une voix formidable aux accents pathétiques, et faisait sauter sur ses genoux sa petite nièce. C'était vraiment une émotion un peu forte pour la petite fleur blanche, presque une sensitive!

Heureusement, à huit heures, son bon père arrivait; et, s'il faisait ciel clair, le retour aux Buissonnets était délicieux de fraîcheur et d'idéal.

Thérèse avait bien souvent levé les yeux vers les étoiles. Entre les perles scintillantes des cieux et la petite sainte, il y avait une conformité de lumière : et le Pape Pie XI l'a si bien compris, qu'il n'a pas hésité à comparer Thérèse de l'Enfant-Jésus à une Étoile!... Dans son discours lors de l'approbation des miracles attribués à la Bienheureuse, il a dit textuellement ces paroles :

« Nous louons le Seigneur de nous faire recueillir « les promesses de cette CHÈRE ÉTOILE qu'est Thérèse « de l'Enfant-Jésus. »

Sœur de ces petits astres, Thérèse était en admiration devant eux, presque en communion avec eux! Bien souvent elle les avait salués et aimés; et ce dimanche-là, au soir, elle remarqua plus particulièrement la constellation d'Orion, assurément l'une des plus belles du ciel, quadrilatère gigantesque qui a pour coins Bételgeuse et Rigel et qui avoisine avec Sirius, le plus gros et le plus merveilleux des diamants de là-haut!

Au centre de la constellation, notre amie avait

remarqué comme un T, dont la tête est formée par le baudrier d'Orion, et dont le jambage est incliné vers la gauche...

De là à déduire que son nom était dans les astres, il n'y avait qu'un tout petit pas à faire pour l'imagination de Thérèse ; et ce petit pas franchi, elle s'écria avec délices : « *Regarde, Papa, mon nom est inscrit dans le Ciel.* »

Cette toute petite âme était cependant très profonde, et tous les spectacles de la nature la ravissaient. Comment n'eût-elle pas admiré la mer ? Elle la vit, dit-elle, pour la première fois à sept ans, « *et sa majesté et le mugissement des flots, tout lui parlait à l'âme de la grandeur et de la puissance de Dieu. Le soir venu, à l'heure où le soleil semble se baigner dans l'immensité des flots, laissant derrière lui un sillon lumineux, elle contempla longtemps ce sillon d'or, et se représenta son cœur au milieu du sillon, comme une petite barque légère, qu'elle prit la résolution de n'éloigner jamais du regard du Jésus.* »

Quelles lignes ravissantes ! Quel poète a dit jamais mieux ses impressions au coucher du soleil ?

Thérèse n'est pas seulement une simple et une obéissante, c'est aussi une voyante ; rien de ce qui est merveilleux dans la nature ne lui échappe, et ce merveilleux elle le fait remonter à sa source ; elle y mêle constamment un acte d'amour envers celui-là même qui est le Père de la Nature.

CHAPITRE II

La petite reine du foyer

Douce intimité entre le père et la fille. — Soirées d'hiver aux Buissonnets. — Thérèse entre au pensionnat : petits chagrins. — Sa sœur Pauline est admise au Carmel de Lisieux. — Maladie grave de Thérèse ; elle est guérie par Notre-Dame des Victoires. — La première communion. — La vraie amitié. — Les tourments intimes de la jeune fille : sa délivrance.

L'ancien joaillier qui donnait à ses filles bien-aimées des noms de pierres précieuses, après son *diamant* et sa *perle fine*, aurait bien pu appeler la dernière sa petite *émeraude* : c'eût été bien joli ! Il n'y a rien de plus expressif que les surnoms quand ils sont bien choisis !...

D'ailleurs l'émeraude est un symbole. Avec son eau d'une couleur mystérieuse, elle rappelle l'eau de la mer ; il y a de l'infini en elle, et sa nuance uniforme et sereine l'a fait appeler par les Mages la pierre de chasteté... C'est une belle émeraude, extraite des monts Arabiques, qui a le privilège d'orner le sommet de la tiare du Pape ; voilà bien des raisons qui eussent pu mériter à cette pierre l'honneur de couronner le front d'une jeune sainte...

Mais non ; le propriétaire des Buissonnets avait donné à Thérèse un nom qui valait encore mieux qu'un symbole : il l'avait appelée *sa petite reine*, et celle-ci lui répondait en l'appelant *son roi chéri*. On devine les colloques qui pouvaient s'engager sur ce ton-là, entre le père et la fille, surtout dans le belvédère, où la petite montait aussitôt la classe finie, ayant besoin de se délasser auprès d'un être aimé auquel elle pourrait raconter les menus incidents de ses heures d'étude...

Quand la conversation prend un ton de câlinerie et de respect mutuel, entre deux êtres qui s'aiment, elle atteint aux cimes les plus charmantes de l'esprit, où surgissent tout naturellement les appellations les plus jolies à chaque élan du cœur. Il n'y a rien de plus exquis peut-être dans les rapports humains ! Thérèse d'ailleurs, très obéissante, s'inclinait naturellement devant le père et le roi ; c'était son tout après Dieu ; et le père, lui, tout en aimant la pauvrette, la vénérait presque pour toute la pureté, et la grâce et la piété qu'il remarquait en elle. Tant d'amour mutuel, tant d'estime mérite qu'on s'y arrête ; descendons dans les détails de l'intimité de Monsieur Martin avec sa fille.

Quand celle-ci était toute petite, elle courait audevant de son père au moment où il rentrait ; celuici, avec des cris d'admiration, s'emparait du bébé, l'élevait au-dessus de sa tête et l'embrassait avec avi-

L'ENFANCE : L'AFFECTION FILIALE.

Les promenades surtout étaient charmantes à deux. (p. 31)

dité : que de pères de famille en ont fait autant en pareil cas !

Plus tard, aux Buissonnets, une fois les devoirs terminés, Thérèse allait sautiller dans le jardin à côté de Monsieur Martin, ou encore elle lui préparait plusieurs tisanes à la file que l'excellent homme faisait mine d'avaler, à la grande joie de son enfant ; d'autres fois enfin, la petite aménageait dans un coin un autel, et celui-ci achevé, elle allait chercher son grand ami pour qu'il jugeât de l'effet.

Les promenades surtout était charmantes à deux, et souvent sanctifiées par une visite au Saint-Sacrement.

Parfois Thérèse accompagnait son père à la pêche. Ah ! c'était une bonne partie : lui, s'asseyait sur un pliant au bord de la Touques, et il restait là de longs moments sans parler ; elle, jetait sa petite ligne et attendait, goûtant beaucoup ce calme. Mais le plus souvent, elle s'asseyait un peu à l'écart, enlevait son chapeau, se mettait à penser au Ciel, *la terre lui semblant un lieu d'exil...* Toujours attentive à tout, elle écoutait les bruits lointains, qui lui arrivaient doucement atténués, et parfois même le jeudi, le son de la musique militaire, lointain lui aussi, voilé, entrecoupé par les rafales de l'air ; bouffée de vie gaie, mais qui devient mélancolique par contraste quand elle arrive jusque dans la solitude de la campagne.

Toutefois, c'était dans l'intimité du belvédère que

Monsieur Martin se communiquait de préférence à sa petite reine. On peut deviner ce que cet homme de foi lui disait alors, quand on se reporte à certaines lignes bien rares qu'il a écrites au cours de ses méditations pieuses : « O mon bien-aimé Sauveur, « a-t-il dit, lorsque je m'engageai pour la première « fois, j'ignorais le bonheur qu'il y a d'être à vous ; « mais aujourd'hui, je sais tout ce que vous êtes « pour moi : c'est pourquoi je veux vous protester « qu'à toutes les satisfactions du monde, je préfère « l'honneur et la joie de votre service (1). »

Et Thérèse, en retour, se donnait tout entière à son père ; nous en avons la preuve, elle l'a affirmé en ces termes exquis : « *Non ! je ne puis dire combien je l'aimais ! Tout en lui me causait de l'admiration. Quand il m'expliquait ses pensées sur des choses très sérieuses, comme si j'avais été une grande fille, je lui disais naïvement que s'il parlait ainsi aux hommes, ceux-ci le prendraient comme roi : mais, il ne serait plus mon roi à moi toute seule, voilà pourquoi j'aimais mieux qu'ils ne le connaissent pas.* »

Assistons maintenant à une soirée d'hiver, dans la salle à manger, au coin du feu, au moment où Monsieur Martin a autour de lui ses cinq filles, ses chers joyaux. Qu'elle est reposante à contempler, cette scène de famille !

(1) Monseigneur Laveille, *Sainte Thérèse de l'Enfant-Jésus.*

Il est assis dans un fauteuil ; eh ! c'est qu'il a atteint la soixantaine, et que parfois il ressent les redoutables douleurs, premières atteintes de la paralysie qui le frappera plus tard. Mais il se ranime à l'aspect du tableau dans lequel les figures sont estompées par l'abat-jour de la bonne vieille lampe, qui met tant de calme dans la pièce, et mélange bizarrement les rayons et les ombres.

Autour de la table, trois des jeunes filles sont assises, l'une travaille à une broderie, l'autre à une tapisserie, une autre fait du crochet ; et pendant ce temps-là Marie, l'aînée, lit les pages quotidiennes de l'*Année liturgique* de Dom Guéranger. Et Thérèse ? Elle est sur les genoux de son roi chéri naturellement ; elle penche sa tête sur l'épaule de son père, ou elle lui murmure quelque mot d'amour, ou elle lui glisse un baiser furtif.....

La lecture finie il y a un long moment de silence... Monsieur Martin songe à l'avenir qui attend chacune de celles qui sont là sous ses yeux ; avenir qui va commencer bientôt, se dit-il, non sans mélancolie ! Plus jamais, peut-être, il ne les verra ainsi groupées autour de lui, comme des brebis au bercail ! L'avenir ? oh ! que d'angoisse il procure à ceux qui se donnent le mal d'y penser ! L'une ou l'autre de ces petites se mariera peut-être : mais aura-t-elle la chance de tomber sur un bon mari ? Voilà la question !... Plusieurs, c'est presque certain, entreront au couvent ! Il faudra les donner à Dieu ; oh ! certes, ce sera de grand cœur ; mais que de vides précoces au foyer, le cher foyer si doux, si chaud, si lumineux, si calme par ce soir d'hiver !... Hélas ! dans quelques années qu'en restera-t-il ?...

Une larme perle à la paupière du vieillard ; Thérèse l'a aperçue et elle l'efface d'un baiser...

Et cette petite-là ! Que deviendra-t-elle ? pense le père. Oh ! certes, il prévoit tout à son sujet, excepté qu'elle sera un jour une sainte, qui attirera le monde entier dans cette même demeure, où ils sont ce soir, et dans cette salle où ils font la veillée !

Puis la conversation reprend ; les sœurs se parlent avec une aménité parfaite, sans jamais de ces propos aigres-doux, si fréquents qu'on n'y fait plus même attention ; à grand tort, car ils reposent sur de petits égoïsmes, qui grandiront et qui plus tard sépareront quelquefois à jamais ceux qui étaient faits pour être réunis.

Thérèse lance un mot enfantin délicieux ; son père sourit, et ses sœurs se lèvent d'enthousiasme et viennent l'entourer avec tendresse ; elle est bien à ce moment-là la petite reine du foyer !

A la fin de la veillée, on faisait la prière en commun ; et tout le monde s'embrassait en se disant bonsoir.

Alors Thérèse accomplissait tous les soirs le même petit rite auprès de sa sœur Pauline, qui venait la coucher. Elle lui posait les mêmes interrogations, véritable petit examen de conscience, auquel la sœur aînée devait répondre de manière à apaiser toute inquiétude et à préparer un sommeil tranquille ; — ce sommeil qui effrayait bien un peu la petite, parce qu'il ressemble à l'immobilité de la mort.

— « *Est-ce que j'ai été bien mignonne, aujourd'hui,* demandait Thérèse. *Est-ce que le bon Dieu est content de moi ?*

— « *Mais oui, ma chérie !* répondait l'autre. »

Ah ! il n'aurait pas fallu qu'on répondît non ; sans quoi l'enfant n'aurait pas dormi de toute la nuit !...

Monsieur Martin l'avait bien prévu : cette bonne petite vie ne devait pas durer longtemps ; fleurs ou pierres précieuses, les petites filles grandissent et changent. La vie les guette avec ses luttes, ses chagrins, ses joies et ses héroïsmes ; et le premier pas, en dehors de la famille, c'est le pensionnat !

Léonie et Céline avaient été placées comme demi-pensionnaires au couvent des Bénédictines de Lisieux, et, à l'âge de huit ans et demi, Thérèse y entra à son tour. L'abbaye de Notre-Dame-du-Pré est située dans un faubourg de la ville, assez loin des Buissonnets ; au moment où Thérèse y alla en octobre 1881, elle comptait environ soixante élèves, appartenant aux meilleures familles d'alentour. Les bâtiments étaient composés de grandes murailles grises, l'intérieur des salles était sévère, comme les cours et le jardin d'ailleurs.

Chaque matin avant de s'y rendre, Thérèse venait

chercher ses petites cousines Marie et Jeanne, qui allaient au même pensionnat, et l'on faisait route ensemble, sous la conduite d'une vieille bonne de Madame Guérin, devenue plus tard bénédictine et qui a apporté sur ce temps-là un souvenir aussi édifiant que curieux : « Thérèse, a-t-elle dit, était pour son âge exceptionnellement intelligente et réfléchie. Je me souviens comment, entendant des ouvriers blasphémer, elle m'expliquait, pour les excuser, qu'il ne faut pas juger le fond des âmes, que ces gens-là avaient reçu beaucoup moins de grâces que nous, et qu'ils étaient plus malheureux que coupables (1). »

La fille de M. Martin, en raison de sa précocité, avait été placée dans une classe composée d'élèves plus âgées qu'elle ; elle arriva cependant à les dépasser presque toutes. Ces succès lui valurent d'inévitables jalousies, et comme, d'ailleurs, elle était peu remuante, peu bruyante, et plutôt silencieuse, elle fut portée, par un sentiment de gêne bien explicable, à s'isoler pendant les récréations avec un livre, ou auprès d'une petite compagne douce comme elle ; cette attitude lui valut de ces petites persécutions qui sont si sensibles aux petites âmes.

« *Avec une nature tendre et délicate*, a-t-elle dit plus tard, *je ne savais pas me défendre et je me contentais de pleurer sans rien dire : je n'avais pas assez de vertu pour m'élever au-dessus de ces misères, et mon pauvre petit cœur souffrait beaucoup.* »

(1) Procès de l'ordinaire, p. 136.

C'est vrai ; ils souffrent beaucoup, les petits cœurs, en semblable occurrence, aussi bien dans les collèges de garcons que dans les pensionnats de filles ; et l'on ne mesurera jamais le degré de leur souffrance, si l'on ne veut tenir compte que de leur cause ; il faut, pour le comprendre, en mesurer surtout l'acuité.

Le soir, on revenait de l'abbaye bien sagement, les unes avec les autres ; c'était selon !... Une fois que Thérèse était seule avec sa cousine Marie Guérin, elles voulurent imiter l'humilité des solitaires qui marchent les yeux baissés. Toutes deux fermèrent les yeux dans la rue, sur le trottoir. Mais, après quelques pas, pendant lesquels *« les deux étourdies savouraient les délices de la marche sans y voir »*, voilà qu'elles tombent ensemble sur des caisses placées à la porte d'un magasin, et les renversent du même coup. Le marchand sort, tout en colère, pour relever sa marchandise ; les deux aveugles volontaires se relevèrent toutes seules, et s'enfuirent à pas précipités, les yeux grands ouverts ainsi que les oreilles. C'est avec cette même cousine Marie que notre petite amie jouait à l'anachorète dans le jardin de l'oncle Guérin ; on n'avait qu'une pauvre cabane et un jardin potager ; juste de quoi s'abriter et se nourrir des légumes que l'on cultivait : le reste du temps se passait en oraison.

Cependant ce temps berceur de l'enfance allait finir pour Thérèse ; à des petits chagrins allaient succéder de réelles douleurs; la première fut la perte de celle qui avait été sa seconde mère. Un jour, elle entendit Pauline causant avec Marie, qui annonçait sa prochaine entrée au Carmel; elle en fut toute angoissée et demanda des explications à son aînée, qui les lui donna le plus doucement possible; mais ce qu'elle comprit surtout, c'est qu'il s'agissait d'une séparation complète d'avec cette sœur chérie, quelque chose comme une mort avant la vraie mort. La petite en eut un grand chagrin qui la toucha jusqu'aux fibres profondes du cœur, et elle ne put trouver quelque soulagement, qu'en pensant qu'elle aussi peut-être, un jour, pourrait aller se cacher dans le même Carmel. Ce projet devint vite une décision dans sa petite tête intelligente; elle demanda et elle obtint d'être présentée à la Mère Prieure de Lisieux, qui reconnut en elle une vocation, mais déclara qu'elle ne pourrait l'admettre avant la seizième année.

Ce fut le 2 octobre 1882 au matin que la grande sœur entra au couvent, conduite par son père, son oncle et par Marie. Thérèse, pendant ce temps-là, entendit la messe avec sa tante et ne cessa de pleurer! L'après-midi fut encore plus triste; elle revit Pauline devenue Sœur Agnès de Jésus, mais au parloir du Carmel, derrière une grille. Qu'on se figure cette scène!

Derrière une grille, cette chère figure; entendre derrière une grille, cette voix qui avait su si bien la consoler et la bercer, et cela seulement pendant trois minutes, au bout desquelles le règlement vient vous arracher au plus déchirant des entretiens : tous ceux qui ont vu un être cher s'ensevelir à ce point-là ont connu ce calvaire. Thérèse sortit de cette entrevue désolée et se disant que « *Pauline était perdue pour elle* » ; si jeune elle ne pouvait pas comprendre l'héroïque beauté d'un tel sacrifice, elle ne pouvait pas encore aimer rien que l'âme de sa sœur, cette partie suprême de l'être que nulle séparation ne peut atteindre.

Notre petite amie, épuisée, tomba malade ; pendant plusieurs mois, il s'agit seulement d'un violent mal de tête ; puis, vers Pâques de l'année suivante, pendant un voyage de M. Martin à Paris, elle eut un soir une conversation impressionnante avec son oncle. Celui-ci, trop sensiblement peut-être, fit vibrer les cordes délicates de sa nièce, en lui parlant du passé. Thérèse pleura beaucoup, et le soir même son mal de tête empira ; elle fut prise d'un tremblement qui dura toute la nuit ; c'était vraiment cette fois la maladie sérieuse.

Elle fut ramenée aux Buissonnets et fut vite en proie à une espèce de délire, sans l'être tout à fait, puisqu'elle a déclaré plus tard qu'elle n'avait jamais, à aucun moment, perdu sa raison. Elle poussait des cris de détresse qui navraient les assistants, et elle avait des visions terrifiantes : des clous, par exemple, enfoncés dans le mur lui paraissaient de gros doigts carbonisés. Sa petite âme si fraîche d'habitude se mettait à craquer de peur; par moments même, la pauvrette, dans des accès nerveux, allait jusqu'à se frapper la tête contre le bois de son lit.

Monsieur Martin revint en hâte à Lisieux. Le roi chéri lui-même fit peur à sa petite reine; et en voyant un chapeau qu'il tenait à la main, elle s'écria : « Oh! la grosse bête noire! » Le pauvre père se retira en sanglots. Fait curieux, ces crises cessèrent pour un jour à la date fixée pour la prise d'habit de Pauline. La petite malade, par un véritable prodige, put aller au Carmel, embrasser sa petite mère, s'asseoir sur ses genoux et se cacher sous son voile pour y recevoir ses caresses.

Ce fut un rayon de soleil; mais le lendemain la maladie reprit avec intensité. Thérèse se mit à dire des incohérences; puis elle tomba dans une espèce de torpeur qui cependant ne lui faisait pas perdre conscience de ce qui se disait autour d'elle. Ses sœurs l'entouraient avec amour : Marie, Céline, Léonie, le dimanche venaient s'enfermer des heures entières auprès de la petite reine devenue à moitié folle.

Enfin Monsieur Martin se décida à faire une neuvaine à Notre-Dame des Victoires, qu'il était allé saluer pendant son séjour à Paris.

Notre-Dame des Victoires! Tous ceux qui ont eu confiance en la Mère de Dieu, invoquée sous ce vocable, en ont été récompensés. Nous-même nous pourrions fixer un ex-voto de plus dans le sanctuaire de Paris où certainement on prie le mieux ; et sur cet ex-voto nous pourrions dire par quel enchaînement surprenant nous avons été amenés à écrire ces lignes, comme aussi les grâces les plus consolantes accordées soit à nous-même, soit à d'autres pour qui nous avions prié...

Il était dans l'ordre des choses qu'un homme de foi comme le père de Thérèse eût recours à la Vierge miraculeuse : il écrivit pour demander des prières, et Notre-Dame lui répondit par un miracle de plus.

Un jour, pendant la neuvaine, les trois sœurs, Marie, Léonie et Céline étaient réunies dans la chambre de Thérèse ; elles se mirent à prier devant une statue de la Vierge qui appartenait à la famille ; la petite malade elle aussi était tournée vers la Madone : « *Tout à coup la statue s'anima*, a-t-elle dit plus tard, en racontant l'Histoire de sa vie ; *la Vierge Marie devint si belle que jamais je ne trouverai d'expression pour rendre cette beauté divine. Son visage respirait une douceur, une bonté, une tendresse ineffables ; mais ce qui me pénétra jusqu'au fond de l'âme, ce fut son ravissant sourire ! Alors toutes mes peines s'évanouirent, deux grosses larmes jaillirent de mes paupières et coulèrent silencieusement.* »

Thérèse était guérie, et elle reconnut tout le monde à côté d'elle : la petite fleur allait renaître à la vie...

Quelque temps après sa guérison, Monsieur Martin conduisit la petite convalescente chez des amis qui les reçurent tous deux dans leur château près d'Alençon. La petite jeune fille fut fêtée et choyée ; puis, elle retourna à Lisieux pour rentrer chez les Bénédictines, et s'y préparer au grand acte de la première communion.

Pendant la retraite préparatoire qui dura une semaine, Thérèse séjourna nuit et jour au couvent : et ce fut avec une âme toute pure, toute aimante, toute préparée, qu'elle se présenta à Celui qu'elle devait tant aimer. Elle a raconté les impressions du plus beau jour de la vie ; elle a parlé du joyeux réveil de l'aurore au matin de Mai, des baisers respectueux des religieuses et de ses grandes compagnes, de la chambre où chaque enfant entrait à son tour pour y être habillée de cette robe blanche des communiantes, qu'elle a appelée un flocon neigeux, et qui sied même aux moins jolies.

Figurons-nous Thérèse, si fine, si délicate, si pieuse, et regardons-la s'avancer vers la table de communion : elle n'est plus qu'une âme marchant vers Celui qui l'attend et qu'elle attend...

Elle communie, et elle se sent imprégnée de la présence de Notre-Seigneur, auquel elle se donne pour toujours, pleinement, don qu'elle devait réaliser jusqu'à la sainteté.

« *Depuis longtemps, dit-elle, Notre-Seigneur et la petite Thérèse s'étaient regardés et compris ; ils n'étaient plus deux : Thérèse avait disparu comme la goutte d'eau dans l'Océan ; Notre-Seigneur restait seul, le Maître, le Roi.* »

Nous pouvons être certains que la pieuse jeune fille ressentit ces mouvements mystiques, peut-être un peu confusément, mais très profondément ; ils devaient lui laisser un souvenir ineffaçable. Elle eut ce qu'ont beaucoup d'enfants pieux le jour de leur première communion : une émotion douce, parfaite, sincère de tendresse et de fraîcheur, qui se traduisit par des larmes inoubliables, elles aussi. Et le soir de ce jour, elle dut se dire ce que quelques petits mystiques se sont dit, à savoir qu'on voudrait bien mourir à la fin d'une telle émotion ; souhait plus raisonnable qu'on ne pense, car, après avoir goûté certaines joies exquises et très nobles, religieuses ou même profanes, il vaudrait mieux mourir que de connaître les déceptions et les brutalités du lendemain.

Pendant la cérémonie du matin, dans un coin de la chapelle des Bénédictines, le père était là : et à voir sa petite reine, si pure, si transfigurée, il pleurait, le cher homme, sous le regard de Jésus-Christ ; il se faisait tout petit enfant pour mieux s'unir en ce moment à l'enfance de sa fille.

Il y eut fête de famille aux Buissonnets, au dîner : fête très douce, et bien en harmonie avec la nuance de cette journée. Le roi fit à la reine le cadeau jadis traditionnel en semblable occasion : il lui donna une jolie montre.

Quelques jours après, le jour de l'Ascension, Thérèse fit une seconde communion et elle eut le bonheur de s'agenouiller à la table sainte entre son père et sa sœur Marie, unissant ainsi les joies légitimes de l'affection familiale aux joies mystiques de son union avec Notre-Seigneur. Il est d'ailleurs consolant de noter combien elle a su allier toujours, malgré les renoncements nécessaires, les joies du Ciel et de la terre, restant toujours, avec son merveilleux bon sens, profondément humaine et sainte, à l'image du Maître.

C'est d'ailleurs ce double caractère, remarquons-le en passant, qui rend si vrai, si élevé, mais si accessible, le récit de sa Vie écrite par elle-même, tellement que l'on ne trouve aucune de ses autres biographies qui soit plus émouvante, plus sincère et plus féconde, même au point de vue spirituel.

Notre petite sainte reçut le sacrement de Confirmation dans les sentiments les plus convenables ; et après elle dut reprendre sa vie d'écolière et continua d'ailleurs à réussir dans ses études.

Chez les Bénédictines, elle parlait toujours peu pendant les récréations : mais quand elle s'en donnait la peine, cela prenait l'allure de petits discours et d'histoires si joliment contées qu'on faisait cercle autour d'elle; mais les surveillantes n'aiment pas les conciliabules en récréation, même quand ils sont tout à fait édifiants, et l'on donna l'ordre à la petite conférencière de courir, et non de discourir.

D'ailleurs, elle est toujours animée de sentiments poétiques, elle aime toujours la nature, et elle se sent toute émue quand elle voit un petit oiseau mort de froid tombé à ses pieds. Petites ailes flétries, duvet recroquevillé et humide, petite tête qui penche les yeux fermés ; quel contraste avec l'image du même petit être sautillant, l'œil vif, la voix perçante ! Est-ce que la grâce d'un petit oiseau et surtout son humilité ne sont donc pas capables de désarmer la mort? Voilà sans doute ce que se demande Thérèse, en ramassant les pauvrets victimes de l'hiver ! Elle les ensevelissait tous dans le même cimetière de gazon sous les arbres de l'abbaye. On le voit, tout avait de l'importance pour elle, même les plus petites vies, dans chacune desquelles elle voyait très justement l'importance de la Vie...

L'amitié de Notre-Seigneur est la plus belle et la plus solide de toutes les amitiés; mais enfin il est permis même à des saints d'en avoir d'autres, et notre petite amie, avec son cœur affectueux et sensible, ne pouvait manquer de s'épancher du côté de ses compagnes, comme elle l'avait fait au milieu de la famille. Constatons tout de suite qu'elle eut à cet âge, douze ans, un sentiment exact de la vraie amitié, puisqu'elle nous a raconté qu'elle se *choisit* alors deux amies, et que l'amitié diffère des affections familiales, précisément par le choix : il y entre une opération préliminaire de discernement qui ne contribue pas peu à lui donner un caractère élevé.

A ce discernement si fin, Thérèse joignit une autre

qualité d'or, la fidélité; et cette fidélité, elle la poussa au point de continuer d'aimer, sans se rebuter de son indifférence, l'une de celles qu'elle avait discernées. Écoutons ce qu'elle a dit sur ce point avec une sensibilité exquise : « *L'une de mes amies*, raconte-t-elle, *fut obligée de rentrer dans sa famille pour quelques mois; pendant son absence je me gardai bien de l'oublier, et je manifestai une grande joie de la revoir... Hélas! je n'obtins qu'un regard indifférent. Mon amitié était incomprise, je le sentis vivement, et je ne mendiai plus désormais une affection si inconstante. Cependant le bon Dieu m'a donné un cœur si fidèle, que lorsqu'il a aimé, il aime toujours; aussi je continue de prier pour cette compagne et je l'aime encore!* »

Il n'y a pas une pensée, pas un mot dans ces lignes qui ne soit juste, admirable; nous ne croyons pas que saint Augustin, qui a parlé si éloquemment de l'amitié ait rien dit de meilleur que cela!

Thérèse voit son affection dédaignée; elle ne *mendie* plus l'amitié de l'ingrate! Oh! que ce mot « mendier » exprime bien l'affection et la douleur! Tenter quelque démarche du cœur, à quoi bon? C'est inutile; mais comme elle a choisi son amie et qu'elle l'a aimée une fois, elle se résout à l'aimer toujours; il n'y a rien de plus généreux et de plus délicat. Voilà de la charité quand même!

Quelle leçon Thérèse donne à tous, mais surtout aux jeunes filles, sur ce chapitre de l'amitié après en avoir donné une non moins grande sur l'obéissance à l'autorité paternelle !

Ces amitiés de jeunes filles ! Que sont-elles le plus souvent ? Bien peu de chose : un commerce parfois ridicule de vanité, de mièvrerie, de recherche de soi.

Certes, nous ne prétendons pas que toutes les liaisons entre jeunes filles reposent sur des motifs aussi ridicules ; mais il y en a bien peu, croyons-nous, qui reposent sur des vertus communes et un dévouement réciproque. Puisse notre petite sainte servir de guide aux vraies amitiés entre vraies jeunes filles !

Pendant les vacances de l'année 1885, Thérèse passa l'été avec sa tante et ses cousines à Trouville, où elle allait pour la seconde fois; et pendant ce temps Monsieur Martin, grand voyageur s'il en fut, accomplissait son tour d'Europe; il visita la Bavière, l'Autriche, alla jusqu'à Constantinople, et revint par Rome, où il séjourna avec bonheur.

Que devient notre Thérèse pendant ce temps-là? Elle a treize ans, l'âge critique, où l'on dépouille la naïveté et l'insouciance de l'enfance et où l'on devient jeune fille ; elle est en proie à une véritable crise physique, mais surtout morale. Elle a subi de réels chagrins : la mort de sa mère, le départ de Pauline; elle commence à comprendre ce que sera la vie, surtout pour elle, un chapelet de douleurs ! Comment son tempérament délicat et impressionnable ne serait-il pas atteint par de telles perspectives imprévues ?

« *Aussi*, a-t-elle dit, *j'étais devenue d'une sensibi-* « *lité exagérée ; je me désolais à me rendre malade* « *des plus petites choses ; je me faisais vraiment des* « *peines de tout.* »

Mais voici que ce malaise mental se précise dans un affreux martyre que subissent parfois les âmes pieuses et délicates : les scrupules, mal étrange, fait de contradiction, qui s'abat sur ceux surtout qui ne devraient pas le subir, et laisse parfaitement indemnes ceux qui en tireraient peut-être du bien.

Le savant Jésuite Antonin Eymieu, dans son ouvrage de psychologie pratique, *le Gouvernement de soi-même*, a magistralement mis en lumière les causes de ce malaise religieux en apparence, malaise assez mal analysé jusqu'à nos jours. « Il l'appelle « un instrument de supplice raffiné, qui repose avant « tout sur une obsession d'autant plus angoissante « qu'il s'y mêle des idées de culpabilité illimitée, de « malédiction divine et de damnation éternelle. « Étouffant dans cette atmosphère irrespirable, le « scrupuleux éprouve l'atroce sensation d'une lente « asphyxie morale. » Bref, son cas relève non seulement du directeur de conscience, mais encore et surtout du médecin. Saint Alphonse de Liguori conseille au directeur de conscience de ne point raisonner avec le scrupuleux, et Fénelon conseille à celui-ci d'avoir le scrupule de ses scrupules. Tous deux ont raison, car ce mal peut aller jusqu'à éloigner de Dieu et de la religion ; il est si perfide qu'on y reconnaîtrait facilement l'action démoniaque, puisqu'elle tend à troubler les âmes pieuses en se servant de leurs qualités les plus parfaites, ce qui est bien le comble de la perfidie !

Thérèse connut tout cela : elle l'a affirmé quelque part en ces lignes touchantes de douleur et de résignation : « *Il faut avoir passé par ce martyre*, a-t-elle dit, *pour le bien comprendre. Dire ce que j'ai souffert pendant près de deux ans est impossible, toute mes pensées et mes actions les plus simples me devenaient un sujet de trouble et d'angoisse.* »

C'est le perpétuel examen de conscience *avant*, *pendant* et *après* toutes les actions et les pensées même les plus insignifiantes, qui constitue la plus délirante des obsessions et brise l'âme.

Le mal chez notre petite amie fut si sérieux qu'on fut obligé de la retirer du pensionnat de l'abbaye, et de compléter son éducation par des leçons particulières chez une institutrice en ville.

Elle dut toutefois retourner de temps en temps chez les Bénédictines, où elle avait été reçue Enfant de Marie, pour y suivre des exercices de la Confrérie ; mais, là encore, elle s'isolait de ses compagnes, et, sitôt libre, elle allait faire visite à Notre-Seigneur à la chapelle du couvent. « *Je trouvais*, a-t-elle dit, *dans cette visite silencieuse ma seule consolation. Jésus n'était-il pas mon unique Ami : je ne devais parler qu'à lui seul. Les conversations avec les créatures, même les conversations pieuses, me fatiguaient.* »

Voilà des lignes bien éloquentes. A un âge si tendre, la jeune fille était déjà désenchantée du monde, elle était déjà une contemplative !

Marie, l'aînée, avait suivi l'exemple de Pauline ; en octobre 1886, elle était entrée au Carmel. Alors Thérèse, de plus en plus angoissée moralement et religieusement, eut une inspiration exquise : elle se mit à prier les quatre petits frères et sœurs morts en bas âge, jugeant que ces petites âmes, qui n'avaient jamais connu le trouble, pourraient lui donner le calme. Elle les pria avec une simplicité d'enfant : chose admirable, elle fut exaucée, et « *la paix vint inonder son âme ; elle était donc aimée non seulement sur la terre, mais encore dans le ciel.* »

Enfin, à Noël de cette même année, l'Enfant Jésus, dont elle pensait déjà à adopter le vocable un jour au Carmel, la délivra tout à fait, et sa sensibilité exagérée fut apaisée.

« *En cette nuit*, dit-elle, *Jésus, le doux enfant d'une heure, changea la nuit de mon âme en torrents de lumière ; il me rendit forte et courageuse ; la source de mes larmes fut tarie et ne s'ouvrit plus que rarement et difficilement.* »

L'épreuve était terminée ; la jeune fille en était sortie victorieuse ; elle était prête pour de plus durs combats.

L'âme de Thérèse ressemblait maintenant à un lac bien tranquille, où peuvent se refléter les étoiles ; la comparaison est de saint François de Sales, qui l'avait trouvé en contemplant le lac d'Annecy : « Quand notre âme, dit-il, est bien apaisée, et que « les vents du soir superflus, inégalité d'esprit et « inconstance, ne la troublent et ne l'agitent point, « elle est fort capable de porter en elle la très belle « et très aimable figure de Notre-Seigneur. »

Bientôt nous allons voir Thérèse devenir le miroir vivant de Jésus-Christ.

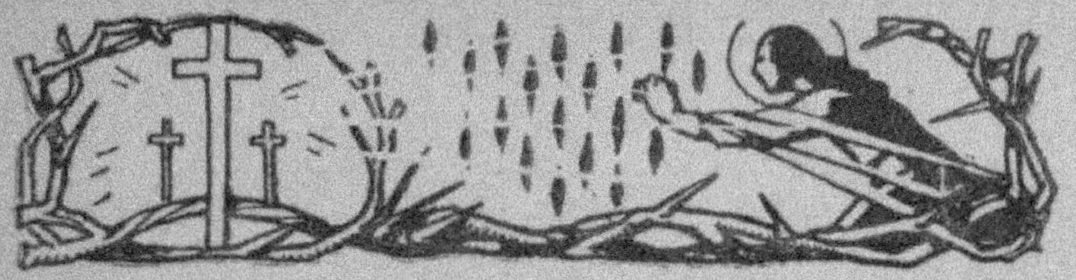

CHAPITRE III

Le calvaire d'une vocation

L'intimité avec Céline. — La vocation de Thérèse; elle obtient de son père la permission d'entrer au Carmel à quinze ans. — Mais elle rencontre ailleurs des obstacles : chez son oncle, au Carmel, auprès de l'évêque de Bayeux. — Thérèse veut en référer au Pape; voyage de Rome. — Audience de S. S. Léon XIII; la jeune fille parle au Saint-Père. — Enfin, elle est admise : son entrée au Carmel.

Toute vocation est un calvaire qui aboutit plus ou moins au sacrifice de soi; et cela dans n'importe quelle carrière. Que d'efforts à faire, que d'obstacles à surmonter, que d'échecs à subir pour les jeunes avant d'arriver à une situation! Et, dès qu'ils y parviennent, il leur faut dire adieu à leur adolescence, il leur faut tout de suite se sacrifier à la société, à la vie! On ne s'appartient bien que dans l'enfance, au moment où on ne le sait pas; l'existence est ainsi faite....

Il en est de même et à plus forte raison pour celui ou celle qui, jeune encore, tend au sacrifice absolu de soi, au pied de la Croix.

Notre délicate amie, que nous avons suivie pas à pas dans les jours relativement faciles de son enfance, ne devait pas échapper, elle non plus, au calvaire de sa vocation; suivons-la pas à pas dans son portement de croix.

A la fin de 1886, les deux sœurs Marie et Pauline étaient toutes deux dans l'arche sainte; et nous venons de voir que Thérèse avait été fortifiée singulièrement en la nuit de Noël de cette même année : une période nouvelle de sa vie allait commencer, « *la plus belle de toutes*, a-t-elle dit, *la plus remplie* « *de grâces du ciel* ».

Son esprit est libéré de ses faiblesses; il se porte vers le grand, le beau, le savoir ; en quelques mois, par des études particulières, elle acquiert plus de connaissances qu'en toutes les années de pensionnat. Elle se nourrit déjà de l'*Imitation*, et ce livre ne la quitte jamais; elle lit aussi avec bonheur des *Conférences* sur les mystères de la vie future.

Elle réside constamment à la maison, « où elle fait « la joie de la famille. Les domestiques même l'ai- « maient (et l'on sait s'il est difficile d'avoir leur « sympathie). Tout dans sa personne respirait la « paix, la bonté, la condescendance. Elle s'oubliait « toujours pour faire plaisir à tous (1) ».

Voilà des qualités de choix qui démontrent beaucoup de cœur, de sérieux, de calme!...

Quelle leçon pour les jeunes filles du jour, tout imprégnées de défauts contraires : l'agitation perpé-

(1) Procès apostolique. Sœur Françoise-Thérèse de la Visitation.

tuelle, l'égoïsme affiché sans pudeur et une manière de tout trancher du premier coup, qui n'est que la caricature de l'énergie, d'ailleurs... Quel modèle que cette jeune fille, qui a su se dominer, à l'âge de quatorze ans, à l'aide de sa piété et de sa grâce naturelle ! Ah ! si nos jeunes filles étaient encore gracieuses....

Thérèse était aussi un modèle de charité envers les pauvres. Lorsque ceux-ci venaient frapper à la porte des Buissonnets, c'était elle qui leur apportait un morceau de pain et le donnait avec un bon sourire ; en ville, quand elle sortait avec son père, elle lui demandait l'aumône pour les misérables qu'elle rencontrait.

Elle-même a parlé de deux petites filles indigentes qu'elle visitait et auxquelles elle apprenait le catéchisme. C'étaient des toutes petites, l'aînée n'avait pas six ans, et leur grande amie devait s'ingénier pour les instruire. Sans doute, elle se servait de comparaisons enfantines : « l'aînée la regardait avec joie et lui faisait mille questions sur le petit Jésus ».

Elle trouvait la source de ces vertus en des communions de plus en plus fréquentes, qu'elle faisait à la cathédrale ; son confesseur lui en permettait plusieurs par semaine, et elle y entendait de plus en plus l'appel pressant du Maître ; c'est là que se formait et se fortifiait sa vocation que nous allons maintenant suivre avec elle.

Quelles en furent les premières confidentes ?

Ce fut sans nul doute tout d'abord sa sœur Pauline, Mère Agnès de Jésus, qui l'encourageait beaucoup dans sa voie; tandis que sa sœur aînée, Mère Marie du Sacré-Cœur, la trouvait trop jeune pour entrer au Carmel. On ne saurait trop le répéter, sans la Mère Agnès de Jésus, qui sait si nous aurions eu notre sainte? Elle-même l'a affirmé dans ces lignes très précises : « *Sans ma Pauline, sans elle, je ne serais certainement pas arrivée au rivage béni, qui l'avait reçue depuis cinq ans...* »

Céline aussi connut de bonne heure les projets de sa sœur, et les encouragea ; depuis Noël elle était devenue la confidente de toutes ses pensées ; sœur par le sang, mais aussi et surtout *sœur d'âme*. Entre elles, à cette époque, il s'établit une véritable intimité, faite de pratiques pieuses communes et aussi de conversations fréquentes dans le jardin, et surtout dans le joli belvédère, décidément propice aux épanchements. Souvent ces deux jeunes filles y montaient le soir, ouvraient les fenêtres, et se mettaient à regarder les étoiles, pendant de longs moments... Quels mots touchants Thérèse surtout dut trouver alors, en face de ses amies scintillantes de là-haut, qu'elle avait souvent interrogées et qui l'avaient souvent consolée de leur flamme si pure, si douce !... Dieu, le ciel, la vie future ; voilà quel fut le plus souvent le thème des entretiens de ces deux petites prédestinées à la vie religieuse. Voilà des colloques qui rappellent singulièrement ceux non moins religieux et poétiques, qui eurent lieu, pendant les nuits d'Ostie, entre Monique et Augustin, au bord de la mer et sous les étoiles aussi....

Mais la grande préoccupation de Thérèse, avant d'aller plus avant, c'était d'avoir la permission de son bon père, qui avait maintenant soixante-quatre ans et avait été déjà affaibli par une première atteinte de paralysie. Quel chagrin pour lui, peut-être, d'avoir encore à sacrifier la benjamine de la famille !

La jeune fille reculait de jour en jour l'entretien décisif; mais elle allait avoir quatorze ans et demi, et elle se résolut de parler, songeant d'ailleurs qu'elle se soumettrait à la décision paternelle, en fille très obéissante, en sujette soumise à son roi. Car elle voulait aller au Père qui est dans les Cieux, par le père que Dieu lui avait donné ; c'est dans l'ordre, c'est la collaboration de la famille au plan divin ; notre sainte amie, à ce moment-là, fut admirable de bon sens et de foi éclairée.

Certes, elle espère tout de Monsieur Martin, dont elle sait la piété ; mais, répétons-le, elle lui a été obéissante toute sa vie, ce n'est pas à ce moment-là qu'elle va penser à lui désobéir !

Quelle leçon encore pour nos jeunes filles d'aujourd'hui qui se piquent de s'affranchir de l'autorité de leurs parents, et qui ont le triste courage de dédaigner leur tendresse !

Voici dans quelles circonstances Thérèse s'en ouvrit enfin à son père. C'était un soir de Pentecôte après les vêpres; Monsieur Martin, fatigué de la journée, était allé s'asseoir dans le jardin qui est derrière la maison; il était seul, et reposait ses yeux et son esprit en contemplant les plantes et les arbres animés des teintes pâles du soleil qui se couche dans les horizons normands.

Thérèse guettait ce moment; elle s'approche du père sans mot dire, mais ses larmes parlent pour elle; sûrement, elle a une confidence grave à faire. Elle est bien jolie ce soir-là, avec ses cheveux légèrement ondulés tombant sur ses épaules, avec sa robe d'été rehaussée de guipûres et de dentelles! On aime tant les dentelles dans la famille, et pour cause....

Sans mot dire toujours, elle s'assied, elle se blottit contre le père, la figure inquiète et cependant soumise et tendre à la fois, les yeux de velours tout embués de pleurs, qui miroitent eux aussi aux rayons du couchant.

De la voir si émue, Monsieur Martin est tout ému lui-même; et il lui dit les mots inévitables et toujours les mêmes qu'on prononce en pareil cas : « Qu'as-tu?... Qu'as-tu, ma petite reine? »

Il se met à marcher avec elle, en la pressant contre son cœur, et... ; mais écoutons Thérèse raconter ce qui suivit : nul ne le ferait mieux qu'elle : « *A travers mes larmes, je parlai du Carmel, de mes désirs d'y entrer bientôt; alors il pleura lui-même!... Toutefois, il ne me dit rien qui pût me détourner de ma vocation ; il me fit simplement remarquer que j'étais bien jeune pour prendre une détermination aussi grave ; et comme j'insistais, défendant bien ma cause, mon incomparable père, avec sa droite et généreuse nature, fut bientôt convaincu. Nous continuâmes longtemps notre promenade ; mon cœur était soulagé ; papa ne versait plus de larmes. Il me parla comme un saint.* »

Pour se rendre ainsi tout de suite, le père de famille a certainement compris qu'il ne s'agit ni d'un caprice d'enfant, ni d'une exaltation pieuse et passagère ; et nous pouvons en déduire quelles furent les paroles que prononça Thérèse dans cet entretien ; ce furent des paroles bien sérieuses, bien profondes, bien surnaturelles, qui durent faire pressentir au vieillard la mission de sa fille. Tout de même le coup avait été dur, et, pour y faire diversion d'une manière charmante d'ailleurs, il alla cueillir une petite fleur blanche et l'offrit à sa bien-aimée, comme un symbole, en lui expliquant comment Dieu l'avait fait éclore et l'avait conservée jusqu'à ce jour !

Thérèse, elle aussi, est une petite fleur blanche qui a été élevée, et cultivée avec soin, et qu'il s'apprête à donner à Dieu, après lui avoir déjà offert ses deux plus beaux joyaux, son diamant, sa perle fine, maintenant enchâssés dans l'écrin mystique du Carmel.

Thérèse prit la fleur symbolique, qui avait été arrachée avec toutes ses racines, et la plaça sur une image de Notre-Dame des Victoires, où elle resta fort longtemps intacte.

Le père avait permis ; mais il fallait encore obtenir l'autorisation de l'oncle Guérin, qui était le tuteur légal de la jeune fille depuis la mort de sa mère ; et avec lui, les choses ne devaient pas aller si facilement. Il déclara en effet qu'il s'opposerait énergiquement à l'entrée au Carmel d'une enfant de quinze ans. Très soumise toujours, notre petite sainte n'insista pas ; elle eut recours à la prière et attendit, et le ciel récompensa sa patience et ses supplications.

Au bout d'un temps assez long, elle se représenta chez son oncle, et quelle ne fut pas sa surprise de le trouver tout changé ! Il avait prié lui aussi et la lumière lui était venue ; il dit à sa nièce : « Tu es une petite fleur privilégiée que le Seigneur veut cueillir ; je ne m'y opposerai pas. »

Du côté de la famille, tout était arrangé ; restait à voir quelles étaient les dispositions du Carmel.

La Prieure, Mère Marie de Gonzague, qui connaissait mieux Thérèse, grâce surtout aux renseignements donnés par ses deux sœurs, était plutôt disposée à l'accueillir sans tarder ; mais elle devait en référer auparavant au Supérieur de la communauté ; un prêtre au nom sonore, le chanoine Delatroëtte, curé de la paroisse Saint-Jacques, sur laquelle était situé le couvent.

Celui-ci avait en toutes choses des opinions très

tranchées; en particulier il ne voulait admettre au Carmel que des jeunes filles ayant au moins vingt et un ans.

En homme prudent, reconnaissons-le, il était intraitable sur ce point; et cela dans le but louable d'éprouver des vocations qui pourraient sembler ou trop précoces ou trop exaltées. Il eût pu en tout cas manifester sa volonté en termes moins durs qu'il ne le fit.

Comme on insistait en effet en faveur de Thérèse, il répondit à la Prieure, qui renouvelait sa demande, par ces paroles péremptoires : « Encore cette jeune fille! ne croirait-on pas que le salut de la communauté dépend de l'entrée de cette enfant! Qu'elle reste chez son père, jusqu'à sa majorité, et qu'on ne me parle plus de cette affaire (1). »

Et lors d'une visite que lui fit M. Martin avec sa fille, il répondit, par un « Non! » tout à fait sec, qu'il atténua ensuite en reconduisant ses visiteurs, lorsqu'il leur dit : « Toutefois je ne suis que le délégué de Monseigneur! S'il permet que vous entriez, je n'aurai plus rien à dire. »

C'était ce vieux prêtre qui, quelques années plus tard, alors que Sœur Thérèse de l'Enfant-Jésus était devenue une vraie sainte, ne pouvait plus parler d'elle sans avoir les larmes aux yeux.

M. Martin, qui maintenant avait pris à cœur le

(1) Procès apostolique.

projet de sa fille, se résolut à aller trouver l'évêque de Bayeux, Monseigneur Hugonin; il demanda une audience, et celle-ci fut fixée au 31 octobre 1887 par les soins d'un vicaire général, M. l'abbé Révérony.

Cette visite était importante pour l'avenir de Thérèse; et afin de paraître plus sérieuse, elle se décida, ce jour-là, à relever ses cheveux qui flottaient d'habitude sur ses épaules. Elle entre à l'évêché les larmes aux yeux, et M. Révérony, en la voyant, a ce joli mot : « Oh ! je vois des diamants, il ne faut pas les montrer à Monseigneur ! »

Plus tard, elle a raconté comment elle fut impressionnée par les grands salons, où elle se faisait l'effet d'être « *une petite fourmi* ». Monseigneur Hugonin arriva sans tarder, amené par le grand vicaire, et il fit asseoir la jeune fille, dans un immense fauteuil où quatre comme elle auraient été à l'aise. Sur l'injonction de son père, elle expliqua alors avec animation le but de sa visite; et le prélat, croyant être agréable à M. Martin, essaya de lui faire comprendre doucement qu'elle devait rester quelque temps encore auprès de son père ; mais celui-ci prit le parti de sa fille, annonçant qu'ils allaient partir pour Rome avec le pèlerinage diocésain, et que Thérèse irait, s'il le fallait, jusqu'à demander l'autorisation du Saint-Père lui-même.

Monseigneur Hugonin eut un sourire en constatant cette détermination, mais avant de prendre une décision, il annonça qu'il voulait revoir le supérieur du Carmel ; et cette parole fit jaillir encore une pluie de diamants dans les yeux de la pauvrette qui n'espérait rien du redoutable chanoine Delatroëtte. En attendant, l'évêque encourageait Thérèse à se réjouir, puisqu'elle allait partir pour Rome; et ce disant, il lui fit des caresses comme jamais enfant n'en avait reçu de lui.

Pour notre petite sainte, maintenant c'est le Pape qui va décider, le Chef suprême!... Mais dans cette volonté de s'adresser à lui, n'y a-t-il pas le signe que cette enfant sent, avec une force sans cesse croissante, qu'elle a une mission à remplir?... Jeanne d'Arc, elle aussi, toute jeune fille, avait ce sentiment, et c'est parce qu'elle en avait fortement conscience qu'elle aussi voulait voir le Chef suprême, le roi de France...

Le pèlerinage à Rome avait été organisé d'abord dans le diocèse de Coutances à l'occasion du jubilé sacerdotal de Léon XIII; puis de nombreux fidèles du diocèse de Bayeux s'étant inscrits, Monseigneur Hugonin délégua, pour le représenter officiellement, M. l'abbé Révérony.

M. Martin quitta Lisieux avec Thérèse et Céline, le 4 novembre, et à Paris, où l'on s'arrêta en premier lieu, notre sainte se trouva tout de suite aux pieds de Notre-Dame des Victoires, à laquelle elle devait tant : « *Ce que j'éprouvai dans ce sanctuaire*, a-t-elle dit, *je ne pourrais le dire. J'étais remplie de paix et de bonheur. Ma Mère, la Vierge Marie, me fit comprendre clairement que c'était elle qui m'avait guérie, et je la suppliai de me garder toujours et de réaliser mon rêve en me cachant à l'ombre de son manteau virginal.* »

Le 7 novembre, le pèlerinage quitta la capitale et se dirigea vers l'Italie, par la route la plus courte et la plus pittoresque, la Suisse. Arrivée au lac des Quatre-Cantons, Thérèse admire sans réserve le merveilleux paysage et elle se préoccupe d'en bien garder l'image pour pouvoir plus tard l'évoquer « *quand elle sera au Carmel prisonnière et qu'elle ne pourra plus voir qu'un petit coin du ciel ; elle se souviendra alors de ce qu'elle a contemplé, et ce tableau lui donnera du courage* ». Voilà qui est bien pensé, joliment humain et n'enlève rien à la sainteté cependant...

A Milan, l'intrépide jeune fille monte avec sa sœur dans les clochetons du dôme pour apercevoir la ville à ses pieds : puis elle visite le Campo Santo, cimetière où chaque tombe est un monument d'art merveilleux. Elle y a des impressions très vives ; les personnages lui semblent vivants, surtout un enfant qui jette des fleurs sur la tombe de son père et elle observe, en artiste avertie, « *que les pétales des fleurs semblent glisser entre ses doigts de marbre* ».

On passe à Venise la silencieuse ; à Padoue, où l'on vénère les reliques de saint Antoine ; à Bologne, où l'on voit le corps de sainte Catherine ; enfin à Lorette, où Thérèse et sa sœur communient dans la *Santa Casa* ; enfin on arrive à Rome.

M. Martin et ses filles descendent à l'Hôtel du Sud, où l'on a apposé récemment une plaque commémorative de leur séjour.

Le groupe de pèlerins dont faisaient partie Thérèse et sa famille, après avoir visité la campagne romaine, se rend au Colisée. Là, notre petite amie, avec sa vive imagination, se représente la mort des martyrs qui ont rougi l'arène de leur sang : elle veut baiser le sol sacré, mais il est enfoui assez bas, et pour y parvenir, il faut escalader des barrières et des décombres ! Les deux sœurs n'hésitent pas : elles descendent jusqu'au plus profond de l'excavation ; et là, elles embrassent un petit pavé en forme de croix que le guide a indiqué comme étant un vestige certain de l'ancienne arène.

Dans les Catacombes, les jeunes filles s'arrêtent en face du *loculus* qui contint jadis le corps de sainte Cécile ; elles trouvent même moyen de s'y coucher ensemble. A l'église de Sainte-Agnès, Thérèse cherche une relique pour la rapporter à sa petite Mère Agnès de Jésus ; elle ne trouve qu'une petite pierre de marbre rouge, qui se détache juste à point d'une riche mosaïque et vient tomber à ses pieds.

Enfin arrive le jour de l'audience pontificale, fixée au dimanche 20 novembre.

A sept heures, les pèlerins, conduits par Monseigneur Germain, évêque de Coutances, par les évêques de Nantes, de Séez et par M. l'abbé Révérony, se trouvent réunis dans une vaste salle de damas rouge au Vatican, salle au fond de laquelle se trouve un autel.

« A huit heures précises, Léon XIII paraît vêtu du « grand manteau rouge jeté sur la simarre de laine « blanche. Après une bénédiction silencieuse aux « pèlerins, il s'agenouille pour la préparation au saint « Sacrifice, et on le voit se recueillir humblement. « Le visage est d'une pâleur mate et d'une maigreur « d'ascète, les paupières sont abaissées sur les yeux « noirs, d'où jaillissent d'habitude des éclairs, les « lèvres remuent lentement. Puis le Pape se lève et « l'on observe que si sa frêle stature est à peine « courbée par l'âge, il doit cependant, pour monter « à l'autel, s'appuyer sur ses chapelains.

« Nulle prédication ne valait le spectacle de « Léon XIII disant la messe. Il prononçait à voix « lente les paroles latines avec l'accentuation ita- « lienne ; mais quelle foi et quelle tendre piété dans « le ton de la voix, dans l'attitude et jusque dans « les moindres gestes !

« Après la messe, Léon XIII se rendit dans une « salle voisine pour l'audience des pèlerins. Monsei- « gneur Germain présenta d'abord les fidèles du « diocèse de Coutances, puis M. Révérony ceux du « diocèse de Bayeux.

« Le Saint-Père était assis sur un simple fauteuil, « élevé d'un ou deux degrés ; il était vêtu de la sou- « tane et du camail. Suivant le cémonial, chaque « pèlerin s'agenouillait devant lui, baisait les pieds,

« puis la main du Pape, et celui-ci alors lui prenait « les mains, lui adressait quelque paroles, le bénis- « sait et lui faisait remettre une médaille commémo- « rative (1). »

Quand M. Révérony, qui se tenait à droite du Saint-Père, aperçut Céline et Thérèse Martin, la mantille noire sur la tête comme l'exige l'étiquette, il se rappela ce qui avait été dit à l'évêché de Bayeux, et fit savoir à haute voix qu'il défendait de parler au Saint-Père !

Thérèse, si elle obéissait, renonçait au but même de son voyage ; elle adressa un regard éploré à Céline, et celle-ci lui dit de parler.

Un instant après, elle était aux pieds de Léon XIII ; toute tremblante et toute en pleurs, elle lui dit :

« — Très Saint-Père, j'ai une grande grâce à vous demander... »

Le Pape baissa la tête vers elle, et son visage toucha presque le sien ; il la regarda de ses yeux profonds.

« — Très Saint-Père, répéta-t-elle, en l'honneur de votre jubilé, permettez-moi d'entrer au Carmel à quinze ans ! »

Alors pour elle comme pour Jeanne d'Arc, il se produit ce même mouvement des familiers du maître, qui cherchent à écarter celle qu'ils jugent comme une importune. M. Révérony intervient et explique

(1) Monseigneur Laveille, *Sainte Thérèse de l'Enfant-Jésus.*

au Pape qu'il s'agit d'une enfant qui veut entrer tout de suite au Carmel, et que son cas est examiné à ce moment même par les supérieurs. C'était dicter à Léon XIII sa réponse, et celui-ci lui dit :

« — Eh bien ! mon enfant, faites ce que les supérieurs décideront. »

C'est une réponse sage, puisque le Pape ne connaît pas autrement Thérèse; mais la petite insiste, car elle a conscience clairement de sa mission.

« — Très Saint-Père, dit-elle avec son bon sens habituel, si vous disiez oui, tout le monde voudrait bien ! »

En petite idéaliste qu'elle est, elle ne comprend qu'une chose, c'est que le Chef peut décider de tout; pour elle les règlements de la prudence humaine ne comptent pas ! La Vierge de Domrémy ne raisonne pas autrement; avec sa rayonnante simplicité les obstacles humains ne comptent pas pour elle. Ce qu'il y a de frappant, c'est que Thérèse et Jeanne, ces deux jeunes saintes, sont DANS LE VRAI; avec leur foi en leur idéal elles vaincront tous les obstacles humains, et elles iront à Dieu quand même, flèches d'amour qui portent inscrits ces mots en traits de feu : « *Dieu premier servi !* »

Léon XIII, étonné, ému, regarde fixement la jeune fille, dont il pressent l'âme ; et appuyant sur chaque syllabe, il dit d'un ton pénétrant :

« — Allons ! Allons !... Vous entrerez, si le bon Dieu le veut ! »

Enfin, voilà une parole d'idéal qui correspond à celles de Thérèse!...

Cependant la jeune fille n'était pas satisfaite; elle veut encore insister, elle ne quitte pas les genoux du Pape, sur lesquels elle a appuyé ses mains. Alors deux gardes nobles lui disent de se lever; et comme elle hésite encore, ils la prennent par les bras, aidés par M. Révérony, de plus en plus inquiet de cette insistance... En la voyant s'éloigner, le Saint-Père la suit longuement des yeux; il a été surpris, presque subjugué, peut-être même a-t-il confusément deviné que cette petite fille est une prédestinée!...

M. Martin, au sortir de l'audience, retrouva sa fille qui pleurait abondamment.

Sœur Thérèse de l'Enfant-Jésus, commentant plus tard cette journée, en a parlé en ces termes : « *Depuis longtemps je m'étais offerte à Jésus pour être son petit jouet, le priant de se servir de moi comme d'une balle de nulle valeur qu'il pouvait jeter à terre, pousser du pied, laisser dans un coin, percer, ou bien presser sur son cœur si cela lui faisait plaisir.* »

Certes, ce jour d'audience pontificale, le divin Enfant avait percé de douleur sa petite balle; et ce qui est pis, il l'avait abandonnée; mais le moment allait arriver bientôt où il la presserait sur son cœur et pour toujours!

Le lendemain de ce jour mémorable, le pèlerinage partit pour Naples, et dans cette ville Thérèse et les siens descendirent dans un hôtel splendide ; mais ce luxe n'éblouit pas la jeune fille, qui a noté très justement, à ce propos, que le bonheur ne consiste pas dans les objets matériels qui nous entourent, mais qu'il réside au plus intime de l'âme ; voilà de la fine psychologie.

Maintenant on connaissait parmi les pèlerins la demande formulée au Saint-Père, et cela valait à notre petite amie une sympathie à laquelle se mêlait de la curiosité. M. Révérony lui-même n'échappa pas au sentiment général ; et il tint désormais à se montrer bienveillant envers Thérèse, en particulier dans une circonstance où celle-ci, ne trouvant pas de place ailleurs, fut presque contrainte de monter dans la voiture du grand vicaire de Bayeux. Celui-ci profita de l'occasion pour dire à la jeune fille qu'il ferait ce qui dépendrait de lui pour réaliser son désir.

On le voit, l'héroïque prière faite au Pape commençait déjà à porter ses fruits ; l'enfant prédestinée avait donc eu raison de la faire. A partir de ce moment-là, elle eut comme un baume sur son chagrin, sans cesser toutefois de souffrir, a-t-elle dit, car elle était désenchantée de la créature ! Il lui fallait Dieu lui-même !

En passant par Florence et Venise, le pèlerinage s'achemina vers la France ; et bientôt on fut de retour à Lisieux, où la première visite de Thérèse fut pour sa petite Mère Agnès de Jésus. Celle-ci conseilla d'écrire tout de suite à l'évêque, et la réponse fut enfin favorable.

On permettait à la jeune fille d'entrer enfin au Carmel ; mais la Prieure, Mère Marie de Gonzague, désirant éviter les austérités du carême à l'enfant, décida de ne la recevoir qu'après Pâques.

Voici avec quelle douceur, et quelle humilité, et quel bon sens, elle accueillit cette dernière épreuve : « *Loin de ressembler aux belles âmes*, a-t-elle dit, *qui pratiquent toutes espèces de macérations, je faisais uniquement consister les miennes à briser ma volonté, à retenir une parole de réplique, à rendre de petits services autour de moi sans les faire valoir et mille autres choses de ce genre.* »

Quelle sagesse, quelle pondération, quelle vérité dans ces paroles ! Décidément, il n'y aura rien d'extraordinaire dans sa sainteté ; celle-ci sera faite de ces « riens » de chaque jour qui sont cependant si féconds quand ils sont accomplis avec vertu !

Ce fut le lundi 9 avril 1888 qu'elle entra enfin au couvent. La veille, on dîna une dernière fois en famille, en se faisant des adieux touchants ; et le lendemain matin, elle regarda une dernière fois le nid de son enfance. Comme elle dut fixer dans ce dernier regard l'image de ce qu'elle ne reverrait plus jamais !... Mais elle était pleine de force : elle s'en allait sans regrets, comprenant maintenant que les choses sont futiles et que rien ne peut rompre l'union des âmes.

Elle partit pour le Carmel, communia à la messe; et, tandis que tous ses proches sanglotaient, elle ne versa pas une larme; car elle touchait au port.... Mais devant la porte de clôture, elle eut comme une agonie, avant de mourir au monde. Elle embrassa tous les siens, et se mit à genoux devant M. Martin, le vieillard s'agenouilla aussi. Ne s'étaient-ils pas aimés toujours mutuellement avec autant de respect que de tendresse?...

Le père bénit sa fille, et les portes du Carmel se refermèrent sur celle-ci pour toujours...

CHAPITRE IV

Petite Carmélite, Grande Sainte

Sœur Thérèse veut être une parfaite religieuse. — Ses premières épreuves. — Cérémonie de la prise d'habit. — Les dernières années de M. Martin. — Graves peines intérieures de la jeune moniale ; elle prononce ses vœux. — Les emplois qu'elle remplit dans la communauté. — Elle s'adonne à la peinture et à la poésie. — Terrible épidémie au monastère. — Sœur Thérèse dirige les novices. — Ses vertus éclatantes : son humilité, sa charité, sa piété.

Nous l'avons dit ; dès qu'on réalise sa vocation, on ne s'appartient plus. Le père est à ses enfants, le maître à ses élèves, le soldat à la patrie, le pasteur à ses ouailles. La religieuse, elle, est à son Époux mystique, à ses sœurs en communauté, — et à tous les humains, parce qu'elle prie pour eux tous.

Notre délicate amie, qui, en entrant au Carmel, prit le nom de Sœur Thérèse de l'Enfant-Jésus, avait compris, elle aussi, la nécessité et la beauté de ce don absolu de soi ; représentons-nous son état d'âme dès le début.

Avec son esprit merveilleusement lucide, son grand cœur qui ne connaît pas de demi-mesures, sa volonté enthousiaste et nettement tracée, elle entend être une religieuse intégrale, c'est-à-dire jusqu'au fond de son cœur.

Non seulement elle suivra la règle exactement dans ses prescriptions extérieures, mais elle en adoptera l'esprit sans restrictions, et même les tendances tout entières, dût-elle en subir les déchirements les plus explicables et les plus aigus.

Remarquons-le, ces déchirements, elle les choisit, elle les accepte de préférence à la quiétude un peu plate que peut donner l'insensibilité du cœur, à laquelle tendent beaucoup d'autres... Non! elle n'étouffera pas ce cœur, et *c'est ce qui nous la rend si sympathique, si vivante.* Alors même qu'elle est ensevelie dans le cloître, elle laissera gentiment vivre ce cœur si tendre, en lui demandant seulement de se résigner aux souffrances inévitables d'un cœur qui vit...

Cette tendance, Sœur Thérèse l'a affirmée étant religieuse : « *Je n'ai pas un cœur insensible* », a-t-elle dit quelque part; — et elle a ajouté ailleurs : « *En se donnant à Dieu, le cœur ne perd pas sa tendresse naturelle; cette tendresse au contraire grandit et devient plus pure et plus divine.* »

Quant à ses missions, la jeune religieuse n'entrevoit pas encore celle qu'elle remplira un jour, sa mission universelle, de faire du haut du Ciel beaucoup de bien sur la terre : cela, elle n'en parlera que plus tard, dans sa dernière maladie. Pour l'instant, elle veut seulement réaliser sa mission sur la terre, sauver les âmes, prier pour les prêtres, et devenir une sainte. Ce dernier point surtout semble très net dans sa volonté; non par orgueil et présomption, comme le pensera un de ses premiers directeurs, le P. Blino, un jésuite cependant... Non! si elle veut être sainte, c'est d'abord en raison de son amour pour Notre-Seigneur, c'est aussi en vertu de son besoin de l'absolu en toutes choses et surtout de la générosité naturelle de son cœur; rappelons une phrase d'elle que nous avons déjà citée — c'est un refrain, mais il est si joli — : *« Dieu m'a donné un cœur si fidèle que lorsqu'il a aimé, il aime toujours.»*

Chère Sainte, que vous avez eu raison de vouloir conserver au Carmel les qualités exquises que vous aviez déjà dans votre enfance! Ce sont des dons de Dieu qu'il faut respecter, comme les vases sacrés que vous touchiez avec vénération, quand vous étiez sacristine.

Nous venons de scruter l'âme de Sœur Thérèse, dès son arrivée au couvent, voyons maintenant comment se déroula le chapelet de ses jours pendant sa trop courte vie religieuse.

A son arrivée d'abord, elle ne ressentit aucun mouvement de surprise; c'était beaucoup! Elle avait été renseignée souvent par ses sœurs aînées, qu'elle voyait au parloir; elle trouva la vie du couvent telle qu'elle se l'était figurée; même tout dans le monastère lui parut ravissant.

Sa cellule, elle l'aima tout de suite ; n'y trouvait-elle pas cette solitude qu'elle avait toujours désirée après tout, depuis le jour où elle s'était mise à part des jeux et des cris de ses compagnes chez les Bénédictines ? Elle y goûta la paix, cette paix intérieure qui permet de tout supporter.

Ce n'est pas à dire que les épreuves lui manquèrent ; oh ! non !... Celles-ci lui vinrent, tout d'abord, de la Prieure, Mère Marie de Gonzague, qui pour exercer la vertu de la postulante, comme cela se fait dans la plupart des communautés, affecta à son égard une sorte d'indifférence et même de sévérité. Mais, elle le fit sans la mesure nécessaire ; car, « elle était « de caractère ombrageux, prédisposée à la mélan- « colie, et ne possédait pas toujours le degré de « modération et l'esprit de suite, qui rendent le gou- « vernement bienfaisant et donnent confiance aux « subordonnés (1). »

Bref, si elle éprouvait les autres, elle oubliait peut-être un peu de s'éprouver elle-même...

Avait-elle Sœur Thérèse auprès d'elle : elle la grondait presque tout le temps ; la rencontrait-elle, le soir, en train d'arracher de l'herbe dans le jardin, ce qui arrivait presque tous les jours : elle s'écriait en la voyant : « Mais enfin cette enfant ne fait absolument rien ! Qu'est-ce donc qu'une novice qu'il faut envoyer tous les jours à la promenade ? » — Et ainsi

(1) Monseigneur Laveille, *Sainte Thérèse de l'Enfant-Jésus.*

de suite; ces reproches incessants finissaient par briser la jeune religieuse, qui ne murmurait point cependant et se contentait d'aller avouer sa peine à la maîtresse des novices, Mère Marie des Anges, qui avait pour elle une véritable affection et lui procurait même quelque adoucissement à la règle, quand elle la voyait affaiblie physiquement.

Quant à ses sœurs selon la nature, la postulante ne s'ouvrait guère particulièrement à elles ; elle ne les fuyait, ni ne les recherchait. Certes, de les savoir sous le même toit et menant la même vie, c'était pour elle un précieux encouragement et sûrement une vive joie intérieure; mais elle prenait à tâche de ne point manifester ses sentiments à cet égard.

On voit la perfection à laquelle elle atteignait déjà dans les débuts; et ce n'est pas sans émotion, qu'on constata plus tard qu'elle fut même reconnaissante à Mère Marie de Gonzague de l'avoir traitée si durement; ne lui a-t-elle pas écrit à elle-même ces lignes d'un touchant héroïsme : « *O ma Mère, je vous remercie de ne pas m'avoir épargnée.* »

Une âme si haute et si délicate pouvait n'être pas comprise, surtout au commencement, par ses directeurs de conscience; et nous avons vu comment elle fut mal jugée par le P. Blino. Il n'en fut pas ainsi heureusement avec un autre jésuite, le P. Pichon, qui, au cours de l'année 1888, vint donner une retraite au Carmel de Lisieux. Il avait connu Thérèse Martin alors qu'elle était dans le monde, et il avait toujours encouragé ses désirs de vie religieuse; quand il la retrouva novice, il constata en elle une véritable sécheresse et même des inquiétudes. Après l'avoir confessée, il lui rendit la paix, et lui déclara, « en présence de Dieu, de la Sainte Vierge, des Anges et de tous les Saints, qu'elle n'avait jamais commis un seul péché mortel ». Sœur Thérèse pouvait tout espérer d'un pareil directeur. Quand celui-ci fut envoyé en Amérique, elle dut se contenter de ne recevoir de lui qu'une lettre par an.

Cependant, l'époque de la prise d'habit fut fixée par l'évêque de Bayeux au 10 janvier 1889; il n'y avait pas encore un an que la postulante était entrée au Carmel; il était temps, car un mois plus tard M. Martin n'aurait pas pu y assister... Mais il s'était remis à peu près de ses premières attaques de paralysie; sa présence était assurée par conséquent à cette belle fête de la vêture, si impressionnante.

On sait que la jeune religieuse revêt de nouveau pour ce jour-là la robe du siècle.

Par une pensée touchante, M. Martin avait voulu que sa petite reine portât une robe de fiancée en velours blanc, garnie de cygne et de point d'Alençon; le velours de la robe était découpé en étoiles et en fleurs de lys; quant aux beaux cheveux blonds, ils flottaient une dernière fois sur les épaules!

M. Martin l'attendait à la porte de clôture; quand il la vit, il s'écria, tout en larmes : « Ah! la voilà

La prise d'habit.

« Ah ! la voilà donc ma petite reine ! » (p. 81)

donc, ma petite reine! » Puis il lui offrit le bras et la conduisit à la chapelle; et quand, après la cérémonie extérieure, elle rentra au couvent, l'évêque entonna le *Te Deum*, bien que d'habitude ce cantique ne se chantât qu'aux professions. Au moment où Sœur Thérèse rentrait dans la clôture, elle regarda tout d'abord une statue de l'Enfant-Jésus qu'elle aimait beaucoup, puis, se tournant vers le préau, elle le vit couvert de neige; elle fut reconnaissante à la Providence de cette attention, elle qui avait toujours admiré le blanc : les lis, la neige, les âmes pures!...

Un mois après la prise d'habit, M. Martin était frappé d'une troisième attaque de paralysie, qui ne devait pas pardonner, celle-là. Il dut quitter Lisieux pour entrer dans une maison de santé, où il demeura trois ans; puis, quand les soins qu'il y avait reçus devinrent inutiles, et que la paralysie générale se fut déclarée, ses deux filles Léonie et Céline, encore dans le monde à ce moment-là, le ramenèrent à Lisieux, dans une maison voisine de celle de la famille Guérin. Trois ans, le grand chrétien vécut là, ne jouissant que par instants de ses facultés cérébrales! Une fois encore, il revit ses filles au parloir du Carmel; et au moment de les quitter, il dit simplement ces mots : « Au ciel! »

Cette fois c'était l'adieu définitif : M. Martin dut partir au château de la Musse, propriété de la famille

Guérin, située près d'Évreux ; c'est là qu'il mourut le 29 juillet 1894.

Rien n'empêchait plus Céline, qui l'avait soigné avec le plus tendre dévouement, de rejoindre sa petite Thérèse au Carmel; celle-ci adressait à sa sœur bien-aimée un dernier appel en ces termes : « *Viens, nous souffrirons ensemble, et puis le bon Dieu prendra l'une de nous, et les autres resteront pour un peu de temps dans l'exil. Écoute bien ce que je vais te dire : Jamais le bon Dieu ne nous séparera ! Si je meurs avant toi, ne crois pas que je m'éloignerai de ton âme ; jamais nous n'aurons été plus unies.* »

L'union entre les âmes, l'amour des autres en Dieu, sœur Thérèse, on le voit, ne parlait plus que de ça; car elle savait bien maintenant que rien ne peut briser ces liens-là !...

Peu après avoir reçu la lettre qui contenait ces lignes, Céline à son tour entrait au Carmel, et prenait le nom de sœur Geneviève de la Sainte-Face.

Quant à Léonie, après avoir été chez les Clarisses, elle devait plus tard entrer à la Visitation.

M. Martin mort, ses cinq filles religieuses... Oh ! elle était loin, la douce soirée des Buissonnets que nous avons décrite !... Qu'était-elle devenue la jolie maison de campagne, avec son calme, sa bonté, ses souvenirs, son cher passé !... Morte, elle aussi, comme tous ses hôtes de jadis, le vieillard qui était auprès de Dieu, et les cinq petites filles qui jadis faisaient la ronde autour de lui et qui n'étaient plus de ce monde, elles non plus !...

Cependant, il y avait plus de deux ans que sœur Thérèse était entrée au couvent, on fixa l'époque de sa profession au 8 septembre de l'année 1890 ; et la retraite qui la précéda fut, comme celles qui suivirent, empreinte de sécheresse et d'aridité. Elle ne s'en trouble pas, et dit à ce sujet, et aussi parce qu'elle se reproche de dormir parfois pendant ses oraisons : « *Je pense que les petits enfants plaisent autant à leurs parents lorsqu'ils dorment, que lorsqu'ils sont éveillés ; enfin je pense que le Seigneur voit notre fragilité, qu'il se souvient que nous ne sommes que poussière.* »

La veille même de la profession, elle est assaillie par une véritable tempête du cœur ; c'est évidemment le Malin qui trouble furieusement ses idées, d'habitude si paisibles. Elle doute d'elle-même, elle se demande si elle a une vocation réelle pour la vie religieuse, elle a peur non seulement de se tromper elle-même, mais de tromper aussi les supérieurs sur la voie à laquelle elle se croit appelée ! La nuit s'appesantit sur elle ; et elle va jusqu'à penser qu'il serait plus sincère de sa part et plus loyal de retourner dans le monde !... C'est bien l'Esprit des ténèbres qui lui parle perfidement, c'est toujours lui qui suscite les doutes et les angoisses dans toutes les âmes : Dieu n'agit pas ainsi, Dieu parle toujours dans la paix ! La petite moniale va aussitôt se confier à la maîtresse des novices; et celle-ci se contente de rire : l'Esprit d'orgueil n'aime pas les sarcasmes, et il s'enfuit...

Le matin de la profession, sœur Thérèse est rassérénée, et elle prononce ses vœux dans un sentiment de paix délicieuse; puis elle demande des grâces pour les autres et pour elle-même, grâces qu'elle a résumées dans un petit billet qu'elle porte sur son cœur : « *O Jésus*, dit-elle, *je ne vous demande que la paix!... La paix, et surtout l'amour sans bornes, sans limites! Faites que je remplisse mes engagements dans toute leur perfection, que personne ne s'occupe de moi, que je sois foulée aux pieds, oubliée comme un petit grain de sable.* »

Quelques jours après, eut lieu la prise de voile, le 24 du même mois. La famille d'habitude assiste à cette fête; mais on craignait une émotion trop vive pour M. Martin, et il fut décidé au dernier moment que celui-ci ne viendrait pas. Voici en quels termes Thérèse a décrit sa peine, dans une lettre envoyée à Céline :

« *Tout était prêt pour mes noces. Cependant ne trouves-tu pas qu'il manquait quelque chose à la fête? Il est vrai que Jésus avait mis déjà bien des joyaux dans ma corbeille; mais il en fallait un, sans doute, d'une beauté incomparable, et ce diamant précieux, Jésus me l'a donné aujourd'hui : Papa ne viendra pas demain!*

« *Céline, je te l'avoue, mes larmes ont coulé; elles*

coulent encore pendant que je t'écris : je puis à peine tenir ma plume. »

Chère petite Sainte ! Merci d'avoir pleuré à ce moment-là ! Vous avez toujours le même cœur, bien que vous vous soyez donnée tout entière au Cœur de Jésus ; nous vous comprenons et nous pleurons avec vous !

Désormais sœur Thérèse appartient tout à fait au Carmel ; elle y remplit différents emplois qu'elle-même précisa plus tard à sa sœur, la Mère Agnès de Jésus :

« *Dès mon entrée au couvent*, a-t-elle dit, *j'ai été mise à la lingerie ; j'avais de plus un escalier et un dortoir à balayer ; c'est à cette époque que j'allais arracher de l'herbe à quatre heures et demie, ce qui mécontentait notre Mère. Après ma prise d'habit, j'ai été mise au réfectoire jusqu'à l'âge de dix-huit ans ; je le balayais, et je mettais l'eau et la bière. Aux Quarante-Heures, en 1891, j'ai été mise à la sacristie. A partir du mois de juin de l'année suivante, je suis restée deux mois sans emploi. C'est pendant ce temps que j'ai peint la fresque autour du tabernacle de l'oratoire. Après ces deux mois, j'ai été mise au tour, tout en gardant la peinture. J'ai continué ces deux emplois jusqu'aux élections de 1896, après lesquelles je retournai à la sacristie. Je suis alors tombée malade et j'ai demandé d'aider aux raccommodages* (1). »

(1) Monseigneur Laveille, *Sainte Thérèse de l'Enfant-Jésus.*

On l'a remarqué, la jeune religieuse s'adonnait à la peinture. Dès l'âge de dix ans, elle avait bien regretté de ne pouvoir prendre des leçons de dessin, en même temps que sa sœur Céline ; et plus tard au Carmel, voyant sa sœur Pauline peindre de charmantes miniatures et composer des poésies, elle eut l'idée de l'imiter. Sœur Thérèse, du premier coup et presque sans leçons, exécuta de menues peintures sur des images ; et aussi la fresque dont nous venons de parler : ce qu'elle faisait était fort gracieux. Quant à ses poésies, elles étonnèrent encore davantage ; c'était des strophes, des cantiques, des élégies, où se reproduisaient sa piété et son cœur de véritable artiste. Ses vers, elle les composait en accomplissant une autre besogne manuelle, en rangeant les objets à la sacristie par exemple, quelquefois en balayant le parquet ; et, bien que ciselés ainsi presque en chantant, ils contenaient cependant des élans religieux intéressants et des comparaisons charmantes. Certaines de ces poésies ne dépareraient pas la gerbe des meilleurs écrivains ; nous en citerons deux particulièrement. Dans la première, intitulée : *Ce que j'aimais*, nous glanons au hasard les lignes suivantes :

J'aimais les champs de blé, la plaine,
J'aimais la colline lointaine ;
Dans mon bonheur, je respirais à peine,
En moissonnant avec mes sœurs
Les fleurs.

J'aimais à cueillir les herbettes,
Les bluets, toutes les fleurettes :
Je trouvais le parfum des violettes
Et sentais celui des coucous
Bien doux.

Voici une strophe d'une autre poésie, intitulée : *A mes petits frères du Ciel* :

Ensemble vous jouez avec les petits anges
Près de l'autel ;
Et vos chants enfantins, gracieuses phalanges,
Charment le Ciel !
Le bon Dieu vous apprend comment il fait les roses,
L'oiseau, les vents ;
Nul génie ici-bas ne sait autant de choses
Que vous, enfants !

Sœur Thérèse aimait les enfants, c'est certain ; ne nous étonnons pas qu'elle ait cherché sa petite voie dans leur sillage...

A la fin de l'année 1891, elle était encore sacristine et âgée de dix-neuf ans, quand une terrible épidémie décima le couvent ; l'influenza atteignit toutes les religieuses, sauf deux et notre sainte, qui n'en subit que des attaques bénignes : « L'état de la com-« munauté était navrant ; les plus malades étaient « soignées par celles qui se traînaient à peine ; et « lorsqu'une des Sœurs avait rendu le dernier soupir, « il fallait l'abandonner aussitôt. »

Trois fois en quelques jours on dut enterrer des religieuses, victimes de l'implacable mal.

Cependant la Mère Marie de Gonzague venait d'achever ses six ans de priorat accordés par la règle; et les religieuses élurent, pour la remplacer, la sœur de Thérèse, Pauline, Mère Agnès de Jésus; on était au début de l'année 1893. Dire que notre sainte n'en ressentit aucune joie intérieure serait contraire à tout ce que nous savons d'elle; sans doute, elle se félicita de ce que celle qu'elle avait tant aimée devenait sa mère spirituelle; mais elle se promit de n'en tirer aucun avantage, aucune satisfaction extérieure, rien qui pût modifier les relations ordinaires de la Prieure avec ses subordonnées. La Mère Marie de Gonzague fut nommée maîtresse des novices, et on lui adjoignit comme auxiliaire Sœur Thérèse de l'Enfant-Jésus; en fait, celle-ci exerçait toutes les attributions de cette charge, sous le contrôle très ombrageux de l'ancienne Prieure. Thérèse, encore si jeune, se montra tout bonnement admirable dans ses fonctions : prudente, compatissante, ferme avec douceur. « *Pour* « *qu'une réprimande fasse de l'effet*, disait-elle, *il faut* « *que cela coûte de la faire*, *et qu'on n'ait pas une* « *ombre de passion dans le cœur.* »

Sa charité envers ses compagnes est inlassable et perspicace; elle devine leur souffrance, et leur dit simplement ces mots : « *Vous avez du chagrin, j'en suis sûre.* » Une telle parole surprend et attendrit, et l'âme en peine se confie à celle qui l'a si bien comprise !... Quelquefois les novices lui offrent « *une bonne petite salade, bien vinaigrée, bien épicée, au moment où elle s'y attend le moins*; *et les chères peti-*

les sœurs ne la trouvent plus à leur goût, et le lui disent !... Thérèse en est ravie ; c'est pour elle un festin délicieux !

Mais, avec sa modération remarquable à son âge, avec sa bonté et sa douce fermeté, comment ne serait-elle pas aimée et même vénérée de celles qu'elle doit former ? Une si précoce sagesse étonna jusqu'aux vieilles religieuses, qui vinrent lui demander vers la fin de sa vie comment elle avait fait pour réussir si pleinement dans sa tâche. Elle eût pu répondre en trois mots : charité, sagesse, et aussi miséricorde.

A une jeune religieuse, qui lui demande ce que le divin Maître pense de toutes ses misères, elle répond ainsi : « *Rassurez-vous ! Celui que vous avez pris pour époux a certainement toutes les perfections ; mais, si j'ose dire, il a en même temps une grande infirmité, c'est d'être aveugle ! S'il fallait qu'il y vît clair, croyez-vous qu'en présence de tous nos péchés, il ne nous ferait pas rentrer dans le néant ?* »

Le saint Curé d'Ars disait, lui aussi, que nos péchés sont comme un grain de sable à côté de la montagne des miséricordes de Dieu ! C'est qu'il avait l'âme semblable à celle de Thérèse, par certains côtés ! Ne suivait-il pas, lui aussi, avec son humilité, sa simplicité, sa confiance entière en Dieu, déjà, la voie de l'enfance spirituelle, que Thérèse devait si clairement mettre en lumière ?

Sa charité, elle l'exerça, non seulement envers ses novices, mais envers toutes ses sœurs, même les plus imparfaites et les plus rebutantes, surtout envers celles-ci, qu'elle se lamentait de ne pas voir recherchées. « *Si le démon*, a-t-elle dit, *essaie de me mettre devant les yeux les défauts de telle ou telle Sœur, je m'empresse de rechercher ses vertus, ses bons désirs; je me dis que si je l'ai vue tomber une fois, elle peut bien avoir remporté un grand nombre de victoires qu'elle cache par humilité; et que, même, ce qui me paraît une faute peut très bien, à cause de l'intention, être un acte de vertu.* »

Voilà des lignes admirables d'observation, de pénétration ; elles sont dignes des plus subtiles psychologues et des plus célèbres directeurs de conscience.

Voulons-nous connaître maintenant quelques-uns de ces traits de charité, qui sont quelquefois d'autant plus méritoires, qu'ils se rapportent à de toutes petites choses lancinantes? En voici quelques-uns :

Thérèse pendant longtemps se trouva, à l'oraison, tout près d'une sœur qui ne cessait de remuer ou son chapelet ou autre chose ; c'était agaçant à la longue, surtout pour la sainte qui avait l'oreille très fine. Ce tapage en sourdine et incessant la fatiguait comme une obsession, au point qu'elle était inondée de sueur. Ne sachant plus que faire, et ne voulant rien montrer à sa compagne, elle trouva le remède conseillé en pareil cas par les médecins neurologues ; ne pas faire attention au bruit ou même se dire qu'il n'est pas désagréable ! Voilà qui était on ne peut plus justement pensé.

« Une autre fois, elle se trouvait à la buanderie devant une Sœur qui, tout en lavant les mouchoirs, lui lançait de l'eau sale à chaque instant. Son premier mouvement fut de se reculer en s'essuyant le visage afin de montrer à celle qui l'aspergeait de la sorte qu'elle lui rendrait service en se tenant tranquille. »

Que fait Thérèse? Elle n'a l'air de rien, elle se met à désirer de recevoir beaucoup d'eau sale, et au bout d'une demi-heure elle a pris goût à ce nouveau genre d'aspersion.

Quelle bonne humeur, quelle maîtrise de soi, quelle volonté chez une petite religieuse qui n'a pas vingt-quatre ans! Que serait-elle devenue, si elle avait vécu? Une admirable supérieure d'Ordre, comme la grande Thérèse d'Avila!...

D'ailleurs, comme son illustre Mère, la réformatrice du Carmel, Sœur Thérèse était jolie et gaie... « Elle était grande de taille. Elle avait les cheveux blonds, les yeux pers, les sourcils droits, la bouche petite, les traits fins et réguliers. Son visage, au teint de lis, était d'une coupe harmonieuse, bien proportionné, toujours empreint d'une aimable sérénité et d'une paix céleste. Enfin, sa démarche était pleine de dignité, en même temps que de simplicité et de grâce (1). »

(1) Appendice de *l'Histoire d'une Ame.*

Quant à sa gaieté, elle était si connue en communauté que les religieuses avaient coutume de dire, quand elle était absente de la récréation, qu'elles n'allaient pas rire, parce que leur sœur n'était pas là !

Thérèse à la gaieté ajoutait d'ailleurs un désintéressement en toutes choses, ne se plaignant jamais de rien, si bien qu'elle était peu ménagée par les sœurs cuisinières, qui lui passaient les aliments indigestes dont d'autres n'auraient pas voulu ! A la lingerie, on lui donnait le linge le plus vieux, le plus rapiécé ; et elle en était toute ravie.

Voici un exemple de patience admirable :

Une sœur, en voulant arranger le scapulaire de Thérèse, lui enfonça dans l'épaule une grande épingle ; notre Sainte ne dit mot et continua à travailler, avec cette souffrance, pendant plusieurs heures ; elle alla à la cave remplir les bouteilles et les rapporta dans les paniers, tout cela sans se plaindre.

Mais nous n'aurions pas esquissé complètement la vie de notre chère Sainte au Carmel, et surtout les vertus qui l'ont distinguée, si nous omettions de parler de ses mortifications et de sa profonde piété.

Le fréquent usage de la discipline est commandé aux Carmélites. Thérèse ne faisait pas les choses à moitié, et se faisait le plus de mal possible, jusqu'à ce que les larmes lui vinssent aux yeux ; elle garda longtemps aussi sur sa poitrine une croix garnie de pointes de fer, et elle ne renonça à cette mortification qu'en raison de ses blessures.

Quant à son amour pour Notre-Seigneur, il devint, lorsqu'elle fut Carmélite, ardent certes, mais fort éclairé, en même temps que tendre sans aucune pieuse fadeur. Sa sœur Céline a pu dire d'elle « qu'elle aima le bon Dieu comme un enfant chérit son père, avec des tours de tendresse incroyables ».

Sœur Thérèse désirait communier tous les jours ; mais les usages en ce temps-là ne le permettaient pas même aux religieuses. Thérèse souffrait beaucoup de ces restrictions, et annonça d'ailleurs qu'elles tomberaient un jour.

Elle avait une profonde dévotion envers le Sacré-Cœur, et aussi à la Sainte Face. Envers la Mère de Dieu, à laquelle elle devait tout, elle conservait la plus filiale confiance : « *J'aime à cacher mes peines au bon Dieu,* disait-elle ; *car, avec lui, je veux avoir l'air heureuse de tout ce qu'il fait. Mais à la Sainte Vierge je ne cache rien ; je dis tout* (1). »

Elle la traitait avec familiarité, comme une puissante Amie ! Les amis célestes, oh ! elle en aimait beaucoup : les Saints Anges et spécialement son Ange gardien ; et puis saint Joseph, saint Martin, saint François de Sales, sainte Thérèse, saint Jean de la Croix, et aussi sainte Cécile, dont la physionomie l'avait tant frappée lors de son voyage à Rome !... Enfin, elle priait Jeanne d'Arc, dont l'âme chevaleresque n'était pas sans rapports avec son âme à elle ;

(1) Summarium, p. 490.

Jeanne, qu'elle admirait pour sa mission, sans se douter alors qu'elle aurait, elle aussi, une mission supra-terrestre à remplir.

Ainsi par la pratique de toutes les vertus, par l'observance scrupuleuse de la règle, la jeune moniale réalisait le but qu'elle s'était assigné ; elle avançait à grands pas vers la sainteté. Elle travaillait inlassablement à la gloire du Père, au salut de son âme et de celle des autres, mais silencieusement, humblement, en vraie « *petite fourmi du Bon Dieu* ».

CHAPITRE V

Le soir d'une vie

Les souffrances profondes de Sœur Thérèse. — Ses sécheresses et ses doutes : elle les surmonte héroïquement. — Le commencement de sa maladie : elle continue ses austérités. — La marche du mal dans la cellule, puis à l'infirmerie. — Vers la fin, Sœur Thérèse annonce clairement sa mission future. — Derniers instants, paroles suprêmes. — Elle meurt comme une Sainte.

Saint Augustin l'a dit : « Quand on aime, on ne souffre pas ; ou quand on souffre, on aime sa souffrance. »

C'est ce dernier cas qui a lieu le plus souvent, remarquons-le ; car comment aimer profondément, sans souffrir ? Si le cœur s'adresse à une créature, il doit craindre d'être mal compris ; et, s'il a réussi à se révéler, il doit encore redouter la lassitude, la sienne propre quelquefois, — ou l'absence si cuisante, ou l'infidélité, ou l'oubli, ou l'ingratitude ; bref, il rencontre des épines à chaque pas ! Et si le cœur se tourne vers Dieu, là encore il peut souffrir de sa propre faiblesse, de ses sécheresses momentanées ou durables, et surtout de l'impossibilité où il est en ce bas monde de réaliser l'adhésion parfaite avec Dieu, félicité suprême réservée aux élus.

Décidément, on *ne peut aimer sans souffrir ; ce qui n'est pas une raison d'ailleurs pour ne pas aimer.*

Nous avons suivi la petite moniale jusqu'ici dans son portement de Croix : faisons un pas plus avant et voyons comment elle fut clouée sur la Croix, et comment elle a fini par y mourir !

Nous avons parlé des mortifications qui lui étaient imposées par la règle du Carmel et par la vie en communauté, et nous avons vu avec quelle générosité elle les avait acceptées ; mais ce qu'il faut noter c'est qu'en plus de cela, elle ne voulut pas s'imposer des pénitences corporelles extraordinaires ou exagérées, comme nous en rencontrons dans la vie de certains saints.

Non ! avec sa merveilleuse sagesse et son grand bon sens, elle jugeait que « *la mortification du cœur et de l'esprit est incomparablement plus sanctifiante* ».

Ainsi, ne pas rechercher la souffrance, ne pas la créer surtout, mais la supporter quand elle vient avec le plus grand courage, voilà quelle fut sa règle de conduite !

Une de ces souffrances qu'elle eut à subir, souffrance lancinante bien connue des tempéraments affinés, ce fut le froid, la privation de feu pendant l'hiver si humide de Normandie. Allait-elle se réchauffer à la salle de communauté, il lui fallait traverser ensuite le cloître et les corridors, et elle rentrait glacée dans sa cellule. « Aussi lorsqu'elle s'étendait sur sa paillasse, s'enveloppant de pauvres couvertures, ne trouvait-elle qu'un repos coupé de fréquentes insomnies ; elle tremblait parfois la nuit entière, sans pouvoir dormir ! Mais elle voulut accepter cela sans se plaindre et ne révéla ses souffrances que sur son lit de mort par ces mots si expressifs : « *Ce dont j'ai le plus souffert physiquement, durant ma vie religieuse : c'est du froid !... J'en ai souffert jusqu'à en mourir* (1)... »

Mais abordons maintenant un martyre plus intime et plus aigu chez la Sainte, celui qui lui venait de son cœur si sensible, dont elle avait modéré les élans encore toute jeune fille, mais qui n'en était pas moins demeuré ce qu'il était au fond, si même sa sensibilité ne s'était pas accrue avec les années et avec sa vie religieuse...

Nous avons vu comment elle douta d'elle-même la veille de sa profession, comment elle surmonta les froissements inévitables de la vie commune au prix d'une lutte sans merci contre sa nature ardente et fière ; ce qui lui fut peut-être plus cruel encore, ce

(1) Mais si dans sa générosité elle avait embrassé avec joie cette pénitence, elle sut faire entendre avec obéissance et respect que cet excès permis par le Bon Dieu n'était pas voulu de lui, et que l'on ferait bien dans l'avenir d'y apporter des adoucissements. — *Histoire d'une âme*, chap. XII.

furent les sécheresses et les tentations contre la foi, ce qu'elle a appelé très justement la nuit de son âme.

Cet état si pénible qu'ont connu beaucoup de saints et d'âmes pieuses, a été souvent et peut-être trop facilement expliqué par ces mots : *Dieu se cache.* Vraiment ne peut-on pas se demander si Dieu a de ces malices envers les âmes qu'il peut préférer ? Ce serait bien humain et dans le mauvais sens du mot ; cela pourrait surprendre de la part du Père qui est dans les Cieux !

Non ! Thérèse, elle, avec sa réelle pénétration, expliquait ce phénomène de la sécheresse mystique de façon bien plus plausible : « *Oh ! non, dit-elle, jamais notre souffrance ne rend Dieu heureux : mais cette souffrance nous est nécessaire, alors il nous l'envoie comme en détournant la tête.* »

Nous préférons cette opinion à beaucoup d'autres émises sur ce grave problème de la souffrance humaine en face de la bonté certaine de Dieu et de sa grande miséricorde !

Quoi qu'il en soit, il nous sera permis de penser que dans les sécheresses de Sœur Thérèse il y avait peut-être aussi comme une lassitude de son cœur sans cesse tendu vers l'amour de Notre-Seigneur.

On ne peut aimer toujours avec la même ardeur, aucun cœur ne pourrait y suffire ; et après avoir aimé éperdument, il se produit comme un revers, comme une nuit qui dure plus ou moins longtemps et pendant laquelle on n'aime plus que par l'esprit, par l'intelligence et par la volonté ! Si on avait dit cela à sœur Thérèse, elle eût été bien consolée. Elle nous apparaît si courageuse dans ses crises morales que rien n'empêche de penser qu'on le lui a dit, ou qu'elle l'a compris d'elle-même avec son étonnante perspicacité.

Plus graves et plus troublants que ces sécheresses furent les doutes contre la foi qui assaillirent la servante de Dieu dans les dernières années de sa vie religieuse.

Ici ce n'est plus seulement la nuit, c'est la tempête, c'est le trouble ; rien de plus angoissant pour une âme de moniale qui est souvent penchée sur elle-même, en raison même de la vie du cloître.

« *La pensée du Ciel même*, a-t-elle dit, *si douce pour elle depuis sa petite enfance, lui devint un sujet de combat et de tourment.* »

Quelle amère dérision, quel supplice pour ce cerveau si délicat et cet esprit si élevé, surtout quand on songe que cette torture intellectuelle et morale ne dura pas seulement pendant quelques semaines, mais pendant des mois entiers ! Ces déchirements, elle-même les a exprimés de façon bien touchante pendant sa dernière maladie, à sa sœur, Mère Agnès de Jésus : « *Je fus prise*, disait-elle, *d'une véritable angoisse, et mes ténèbres augmentèrent. Je ne sais quelle voix maudite me disait : Es-tu sûre d'être aimée de Dieu? Ce n'est pas l'opinion de quelque créature qui te justifiera devant lui !* »

Mère Agnès de Jésus s'efforce alors de la rassurer; elle lui affirme « qu'elle est grandement chérie de Dieu, et qu'elle est à la veille de recevoir de sa main la couronne éternelle ». Alors sœur Thérèse sent le calme revenir; oh! momentanément, car on dirait que le calme l'effraie, à ce moment-là. Elle pense que c'est par affection naturelle qu'on lui a parlé ainsi, que ce n'est pas la réalité; et l'on sait que Thérèse, avec son âme intégrale, *veut embrasser la réalité* avant tout, et quelle qu'elle soit! Elle doute de la créature et elle se tourne vers l'Évangile, où elle trouve heureusement le verset qui dit que « *celui que Dieu a envoyé dit les mêmes choses que Lui* ».

Elle se dit que Dieu lui-même lui a envoyé sa petite Mère; elle est apaisée, consolée enfin; mais pour en arriver là, on voit le combat qu'elle a dû soutenir, dans son *admirable recherche de la Vérité*!... On comprendra l'étendue de ses souffrances, si l'on songe que de pareils combats intérieurs se renouvelèrent fréquemment! A chaque fois vraiment, alors, son âme entrait en agonie;... non par peur, mais par amour de Dieu!... Oui! décidément, il faut souffrir pour aimer profondément; et Dieu seul sait combien il peut être profondément aimé par une âme comme celle qui nous occupe.

Une telle âme, une telle flamme devait se consumer bien vite ! Les souffrances intérieures et aussi les austérités de la règle devaient miner rapidement un tempérament aussi délicat ; Thérèse déclinait lentement à peine âgée de vingt-deux ans, comme une lampe d'autel qui baisse vers le soir parce qu'elle va manquer d'huile !...

Ce fut au printemps de l'année 1896 que se manifestèrent clairement les symptômes du mal qui devait l'emporter.

C'était un soir de Jeudi-Saint ; notre Sainte, se trouvant au Tombeau, voulait y passer la nuit ; mais on ne le lui permit pas, et elle dut regagner sa cellule à minuit. Elle monte, elle se couche sur son pauvre grabat après avoir éteint sa lampe. Elle pose sa tête sur l'oreiller, et soudain, dans l'obscurité, elle sent un flot monter à ses lèvres, comme une salive épaisse, amère et brûlante. Elle essuie ce flot, sans même rallumer la lampe pour regarder son mouchoir, et elle s'endort paisiblement. Mais le lendemain matin au réveil à cinq heures, elle approche ce mouchoir de la fenêtre ; il est fortement teinté de sang ! Elle est saisie d'appréhension d'abord, et puis d'une joie mystique : ce sang c'est un signe certain que l'exil ne sera plus bien long ; c'est un premier appel vers l'au-delà, « *c'est comme un lointain murmure qui lui annonce l'arrivée de l'Époux !* »

Cependant elle a bien dormi, elle se sent délicieusement légère, et à ce moment-là, ne ressentant pas de fatigue, elle commence à prendre part à toutes les austérités en usage au Carmel, le Vendredi-Saint.

Dans l'après-midi, elle se sent moins bien ; elle est en train de nettoyer les fenêtres, quand les forces lui manquent ; elle devient livide ; c'est le contre-coup de la nuit, le bien-être du matin n'était que passager et factice.

Une novice qui se trouvait près d'elle et qui la chérissait, la voyant ainsi, se mit à fondre en larmes ; elle l'exhorta à se ménager ; mais Thérèse ne voulut rien dire de son accident, pas même à ses trois sœurs, qui ne devaient le connaître qu'un an après. Le soir de ce même vendredi, le même flot rouge lui monta aux lèvres à peu près dans les mêmes conditions ; le même sommeil d'épuisement suivit.

Un autre symptôme ne tarda pas à se montrer, qui ne pouvait être dissimulé : la toux persistante, qui finit par céder à un régime fortifiant permis par la Mère Prieure. Mais la faiblesse augmenta, le médecin en vint à désespérer de la sauver, et au printemps de 1897, on commença à dire dans la communauté que sœur Thérèse ne tarderait plus beaucoup à s'en aller... Notre Sainte entendit une fois qu'on parlait d'elle à la cuisine. « Elle va bientôt mourir, disait une des sœurs ; et tout aimable qu'elle est, elle n'aura, pour sûr, rien fait qui vaille la peine d'être raconté (1). »

(1) *Histoire d'une âme.*

C'est toujours pénible d'entendre parler de soi de façon défavorable; mais Thérèse ne s'en émut pas. Elle n'eut pas de peine à ne pas s'en troubler : « *Dieu*, disait-elle, *lui avait fait la grâce d'être absolument indifférente à l'opinion des autres.* » Combien elle était sage en cela! Cependant la maladie suivait son cours; une scène émouvante se passa le 4 juin. Ce jour-là les trois sœurs aînées de la jeune moniale, Marie, Pauline, Céline, sont réunies dans la cellule de la petite Sainte, et pensent aux ravages implacables du mal qui progresse, sans respect pour l'âge de Thérèse et pour sa tendre complexion! Elles sont là, réunies une fois encore, les quatre filles de M. Martin, trois ans après sa mort, et plus de quinze ans après les délicieuses soirées des Buissonnets!

La règle a plié un instant devant la maladie, et a permis cette pieuse réunion de famille, en faveur de la plus jeune, de la « petite reine » de jadis qui va bientôt mourir. Les sœurs aînées ressentent certes un déchirement intérieur; mais elles sont fermes devant l'avenir inéluctable, car elles ont confiance en Dieu, et elles savent que par la mort la vie change seulement, mais n'est pas enlevée : *Vita mutatur, non tollitur.*

Quant à la douce colombe du Christ, elle est héroïque de sainteté : « *O mes petites sœurs*, dit-elle, *que je suis heureuse! je vois que je vais bientôt mourir; j'en suis sûre maintenant! Ne vous faites pas de peine si je souffre beaucoup! Ne vous étonnez pas si je ne vous apparais pas après ma mort et si vous ne voyez rien d'extraordinaire qui révèle mon bonheur.* » Et les trois sœurs aînées, frappées de ces paroles étranges qu'elles comprendront plus tard, se retirent pensives...

Le lendemain, on commence une neuvaine à Notre-Dame des Victoires pour la supplier de guérir la « petite fleur » qu'elle sauva jadis; mais cette fois, comme son heure doit venir, la prière doit rester vaine!

Quelquefois Thérèse allait un peu mieux; elle sortait quand il y avait du soleil, et c'était le plus souvent l'une de ses sœurs qui la soutenait. Une fois, elle allait rentrer accompagnée par Mère Agnès de Jésus, quand elle aperçut des petits poussins qui se réfugiaient sous l'aile de leur mère, une belle poule blanche..... La douce malade se mit à pleurer; et comme on lui demandait la raison de ses larmes : « *Je ne puis le dire maintenant*, répondit-elle, *je suis trop émue.* »

Une fois dans sa cellule, elle expliqua à sa petite Mère qu'en voyant cette poule abriter ses petits, « *elle avait songé à Notre-Seigneur, qui l'avait abritée elle aussi toute sa vie, et l'avait entièrement cachée sous ses ailes* ».

Si elle avait pleuré, c'était un peu de tristesse et beaucoup d'amour et de reconnaissance!

Au commencement de juillet, les crachements de

LA VIE AU CLOITRE : L'HUMILITÉ.

« ... Elle avait songé à Notre-Seigneur, qui l'avait abritée elle aussi toute sa vie. » (p. 104)

sang reprirent plus abondants; et le 8 de ce mois on dut la descendre à l'infirmerie.

Sœur Thérèse quitta sa cellule avec peine, disant qu'elle aurait été heureuse d'y mourir; car elle y avait beaucoup souffert.

Par une délicate attention, auprès de son nouveau lit, on avait placé cette même statue de la Vierge qui avait appartenu à la famille Martin et qui l'avait guérie de son sourire, quand elle était petite fille. Ce souvenir d'un passé à jamais fini mais très cher fut un rayon de soleil pour la petite malade; elle contempla longtemps l'image de Celle qu'elle avait tant chérie : « *Que je l'aime, la Vierge Marie!* s'écria-t-elle une fois. *Si j'avais été prêtre, que j'aurais bien parlé d'elle! J'ai entendu dire que son éclat éclipse tous les Saints; mais je pense tout le contraire; je crois qu'Elle augmente de beaucoup la splendeur des élus; car Elle est plus Mère que Reine.* »

Le 16 juillet, fête de Notre-Dame du Mont-Carmel, la Sainte reçut la communion des mains d'un jeune prêtre qui disait sa première messe dans la chapelle du couvent. On avait, à cette occasion, semé le cloître de roses effeuillées et de fleurs des champs; et l'infirmerie avait reçu une décoration toute spéciale, composée en majeure partie aussi de roses!

Ah! les roses! Thérèse avait pour elles une réelle amitié, et tenait à les offrir en hommage à Notre-Seigneur! Toute petite, elle en couvrait le Saint-Sacrement aux processions; plus tard, au Carmel, dans sa dernière maladie, elle aimait à les effeuiller sur son crucifix qu'elle caressait avec chaque pétale ! Une fois, ces feuilles étant tombées par terre, elle recommanda soigneusement de ramasser ces pétales « *qui serviraient à faire plaisir plus tard* ».

Elle expliqua une autre fois sa pensée en répondant à Sœur Marie du Sacré-Cœur qui lui disait quelle peine elle aurait après sa mort : « *Oh ! non, vous verrez ; ce sera comme une pluie de roses.* » Ainsi elle laissait deviner les miracles sans nombre qui plus tard devaient rafraîchir le monde étonné et ravi !

Sa mission d'au-delà, elle la précisa d'ailleurs justement le lendemain de la fête du Carmel :

« *Je sens que ma mission va commencer*, dit-elle à Mère Agnès de Jésus, *ma mission de faire aimer le bon Dieu comme je l'aime, de donner ma « petite voie » aux âmes*. JE VEUX PASSER MON CIEL A FAIRE DU BIEN SUR LA TERRE.

« — Quelle petite voie voulez-vous donc enseigner ? lui demanda-t-on.

« — *Ma Mère, c'est la voie de l'enfance spirituelle, c'est le chemin de la confiance et du total abandon. Je veux indiquer les petits moyens qui m'ont si parfaitement réussi ; dire aux petites âmes qu'il n'y a qu'une seule chose à faire ici-bas : jeter à Jésus les fleurs des petits sacrifices, le prendre par des caresses !... On n'a jamais trop de confiance envers le bon Dieu, si puissant et si miséricordieux ! On obtient de lui tout autant qu'on en espère...* »

A la fin de juillet, on crut la fin toute proche, et on résolut de lui donner l'Extrême-Onction ; la communauté devait assister à cette cérémonie. Quand Thérèse vit entrer les sœurs, elle leur demanda pardon en termes si touchants, que la plupart des religieuses se mirent à sangloter ; puis elle suivit, avec la plus grande foi, tous les détails de la cérémonie. Mais non, la petite flamme vacillante ne devait pas déjà s'éteindre : il y avait en elle une vie extraordinaire, elle devait durer encore deux mois...

Deux mois pendant lesquels la petite épouse du Christ devait être privée de son Bien-Aimé ; deux mois après lesquels le *Divin Voleur* devait venir voler sa *petite grappe de raisin*, enfin !...

Depuis le milieu d'août, en effet, comme elle était sans cesse menacée d'hémoptysies, il ne lui fut plus possible de recevoir la sainte Communion ! Qu'on juge de sa douleur ; elle supporta cela avec la douce résignation qui ne la quittait plus...

Entre temps, elle eut la touchante pensée de dire adieu à quelques personnes chères ; elle écrivit péniblement quelques lettres à des missionnaires, le P. Roulland et le P. Bellière, qu'elle soutenait de ses prières et de ses conseils. Elle écrivit aussi à sa sœur Léonie une émouvante missive qui se terminait par ces lignes : « *Adieu ! ma petite sœur chérie ; je n'oublierai pas de faire au Sacré-Cœur tes commissions et de réclamer tout ce qui t'est nécessaire pour devenir une sainte.* »

Elle adressa aussi ses adieux à son bon oncle M. Guérin, qui lui répondit en termes désolés les lignes suivantes : « Mon cher petit ange, tu étais la petite perle tard venue de ta bonne mère ; tu étais la « petite reine » de ton vieux père, et tu es le fleuron le plus beau de cette couronne de lis qui m'entoure. On dit que le cygne, toujours muet et silencieux pendant sa vie, exhale un chant sublime quand il voit la mort approcher ; ta lettre, ma chérie, est sans doute le dernier chant que tu nous as destiné. »

C'était en effet sa dernière tendresse à sa famille d'ici-bas.

Cependant le flot de la douleur montait sans interruption, et l'on savait un peu partout maintenant que la petite épouse du Christ allait bientôt mourir, elle aussi sur sa croix ; pour adoucir ses derniers jours, on lui envoyait des gerbes de fleurs. Les fleurs, elle les avait tant aimées, jadis ! Même la nature, qu'elle avait jadis tant admirée, semblait essayer de la fortifier : un petit oiseau un jour vint sautiller sur son lit, nullement effarouché et lui faisant mille caresses ! La pauvre malade le regardait avec délices, et son cœur se fondait de tendresse pour le petit être inconscient et joyeux !

Une autre fois, c'était peu de temps avant sa mort, Thérèse et Sœur Geneviève (Céline) entendirent distinctement un bruit d'ailes dans le jardin, et elles virent avec étonnement une tourterelle qui se posa sur la fenêtre et se mit à roucouler. La petite moniale en eut beaucoup de joie et pensa à la parole du Cantique : « *Le chant de la tourterelle s'est fait entendre ; lève-toi, ma bien-aimée, et viens ; car l'hiver est passé.* »

Mais il y avait, par contre, à subir les méprises si cruelles aux malades. Un soir, elle était minée par la fièvre et mourait de soif, quand une sœur infirmière vint lui mettre de la teinture d'iode sur la poitrine ; et cette brûlure aggrava son mal. La pauvrette ne dit rien à la sœur, et ne s'en plaignit qu'à Notre-Seigneur, en réclamant bien plutôt un verre d'eau ! L'instant d'après, l'infirmière, qu'elle n'attendait plus jusqu'au lendemain, revint avec une boisson rafraîchissante ! Thérèse la regarda tout interdite ; avec son aimable simplicité, elle attribua cela à Celui qu'elle avait prié, et se mit à fondre en larmes !

Au début de septembre, elle reçut une relique du bienheureux Pierre Vénard, envers lequel elle avait toujours eu beaucoup de dévotion. Son émotion fut grande quand la Mère Marie de Gonzague lui remit cet objet, et elle expliqua pourquoi elle aimait le bienheureux : « *C'était un petit Saint*, dit-elle ; *sa vie est tout ordinaire. Il aimait beaucoup la Vierge Immaculée ; il aimait beaucoup sa famille. Moi aussi, j'aime beaucoup ma famille ; je ne comprends pas les Saints qui n'aiment pas leur famille.* »

Cependant, un soir que ses trois sœurs étaient encore réunies autour d'elle, comme l'une d'elles souhaitait que le dernier regard de Thérèse fût pour sa petite Mère : « *Non*, répondit l'héroïque religieuse, *il faut que mon dernier adieu soit pour Mère Marie de Gonzague.* »

Voilà comme elle parlait de celle qui ne l'avait jamais ménagée ; voilà quel était son esprit d'obéissance !

Mais ses confidences et impressions pieuses, elle les réservait d'habitude pour sa sœur Mère Agnès de Jésus ; c'est à elle qu'elle affirma quelques jours avant sa mort les privilèges réservés aux petites âmes : « *Pour les petits, ils seront jugés avec une extrême douceur. Il est possible de rester petit, même dans les charges les plus redoutables ! N'est-il pas écrit qu'à la fin, le Sauveur se lèvera pour sauver tous les doux et les humbles de la terre ? Il n'est pas dit juger, mais* sauver. »

Nous touchons à la fin... Les souffrances augmentaient toujours et devenaient atroces ; l'insommie était continuelle. Un soir, Sœur Geneviève vint voir sa sœur à l'improviste, et la trouva tenant le crucifix, et passant sa main décharnée, d'un geste continuel, presque machinal, sur le corps du Sauveur et surtout sur son front. « — Que faites-vous là ? » lui demanda-t-elle. Et elle eut cette réponse d'une tendresse à tirer les larmes : « *Je le décloue, et je lui enlève sa couronne d'épines.* »

Cinq jours avant la fin, la faiblesse devint telle que la Sainte ne put plus faire un mouvement sans y être aidée ; elle ne pouvait presque plus parler, ni même entendre parler autour d'elle, fût-ce à voix basse. Néanmoins elle trouva encore la force de crayonner quelques lignes pour affirmer la miséricorde et la bonté de Dieu envers elle.

La veille de la mort, le râle commença ; quelques heures après, elle s'écria qu'elle n'en pouvait plus, et demanda des prières.

Le matin du 20 septembre, la fièvre devint intense ; et vers deux heures et demie elle laissa échapper ces mots : « *Oh ! le calice est plein jusqu'au bord.* »

Vers trois heures, elle étendit ses bras en croix, et la Prieure lui mit sur les genoux une image de Notre-Dame du Mont-Carmel. La Sainte éprouva le besoin d'affirmer, en murmurant, qu'elle avait toujours aimé la Vérité et l'humilité.

Enfin, vers quatre heures et demie, au moment où Mère Agnès de Jésus était seule avec elle, son visage changea tout à coup ; c'était l'agonie, et la cloche appela toute la communauté à l'infirmerie. Les sœurs se rangèrent en silence, et Thérèse les remercia d'un sourire ; elle tremblait, le râle était déchirant, la sueur si abondante que les couvertures en étaient tout imprégnées. Sœur Geneviève, Céline, qu'elle avait tant aimée, eut une pensée touchante ; elle imbiba d'un morceau de glace les lèvres de la mourante toutes desséchées ; et celle-ci récompensa la petite compagne de son enfance par un regard d'une infinie tendresse.

A sept heures, la cloche du monastère se mit à tinter l'ANGÉLUS ; c'était le soir de ce jour, c'était aussi le soir d'une courte mais grande vie !...

« *Ne vais-je pas mourir ?* » soupira l'agonisante.

On lui répondit qu'elle durerait peut-être encore quelques heures ; mais peu après, elle regarda le Crucifix et prononça ces mots : « MON DIEU, JE VOUS AIME. »

Ce furent les dernières paroles de cette tendre colombe, paroles suprêmes qui résumaient complètement sa vie, durant laquelle elle s'était consumée d'amour !...

Puis elle pencha sa tête à droite dans l'attitude des martyrs offrant leur cou au bourreau ; elle se releva, et, tandis que son visage reprenait son teint de lis, elle ouvrit les yeux et les fixa sur la statue de sa Vierge de famille.

Ce fut son dernier regard, comme hors d'elle-même ; et après quelques minutes d'extase passées à contempler la chère image qui avait abrité et sauvé son enfance, sa tête retomba, et doucement... elle rendit le dernier soupir !

Peu de temps avant d'expirer, elle avait dit ces mots : « *Oh ! je le sais bien, tout le monde m'aimera.* »

Cette parole, personne parmi les témoins de ses

LES DERNIERS MOMENTS.

« Ne vais-je pas mourir ?
Oh ! je le sais bien, tout le monde m'aimera. » (p. 114)

derniers instants ne pouvait prévoir, à ce moment-là, à quel point elle se réaliserait !...

Sans doute, les religieuses, ses compagnes, et ses sœurs elles-mêmes disaient peut-être qu'elle était morte « comme une sainte » ; mais aucune assurément à cette heure ne prévoyait que Sœur Thérèse de l'Enfant-Jésus serait un jour sur les autels ! C'est que la Vraie Vie pour elle commençait seulement, la Survie, au cours de laquelle son action allait s'affirmer d'une manière éclatante.

CHAPITRE VI

La Survie

Les funérailles de Sœur Thérèse. — Comment elle se survit par *l'Histoire d'une âme*, qui produit un bien immense. — Comment elle se survit par les miracles, les grâces qu'elle fait tomber du Ciel : *la Pluie de roses*. — Le mouvement universel de dévotion vers Sœur Thérèse : description de la nouvelle chapelle du Carmel. — L'Office central de Lisieux.

Si l'on était tenté de douter de la vie future, certes, aucune sainte ne pourrait nous rassurer comme Thérèse de l'Enfant-Jésus ! Aucune sainte peut-être ne s'est si facilement, rapidement et continuellement servie du pont qui relie le Ciel à la terre, aucune n'a mieux démontré la réalité de la Communion qui existe entre les élus et les fidèles qui luttent encore sur la terre !

Car, cette mission qu'elle avait annoncée avant sa mort, elle s'empressa de l'accomplir comme elle avait promis. Sans qu'on l'en eût priée, c'est elle qui en commença, la première, la réalisation ; nous reconnaissons bien ici la générosité de l'âme admirable que nous avons étudiée.

Comment cela s'est produit, par quels moyens

naturels et surnaturels, le moment est venu de le décrire.

Les funérailles de la pieuse moniale s'étaient passées simplement, et dans le même appareil qui sert d'ordinaire pour toute Carmélite défunte. On avait descendu la paillasse de la cellule dans l'infirmerie, et l'on y avait déposé le corps revêtu de son costume religieux, la tête couronnée de roses blanches, et une palme à la main. Puis on avait exposé la religieuse décédée à la grille du chœur, le visage découvert ; et une foule émue avait défilé devant la Sainte, en lui faisant toucher des médailles et des chapelets. Cela avait duré deux jours, le samedi et le dimanche ; on ne se lassait pas de contempler « la petite reine » maintenant parée de la majesté de la mort.

Dans cette foule, un enfant de dix ans respira un parfum très prononcé de lis, alors que toutes les fleurs ornant le cercueil étaient artificielles.

D'ailleurs, une religieuse avait senti une odeur de violettes très accentuée dans la cellule, où ne se trouvait aucune fleur ; une autre eut l'impression suave d'un baiser donné par un être invisible.

L'inhumation eut lieu le 4 octobre ; un grand nombre de prêtres accompagnèrent la chère dépouille jusqu'au cimetière qui domine la ville, et la modeste religieuse fut ensevelie dans l'enceinte réservée aux défuntes du Carmel. Ce fut tout ; on se retira en songeant qu'on prierait pour la petite morte et qu'on l'oublierait le moins possible. Personne, encore une fois, ne pensait qu'elle ne se laisserait pas oublier, certes!...

Thérèse allait survivre en effet, et magnifiquement, non plus, comme jadis, en petite reine, mais en véritable IMPÉRATRICE DU MONDE CATHOLIQUE.

Le moyen naturel qu'on a pour se survivre, c'est ou bien une grande renommée acquise pendant une vie éclatante, ce qui n'était pas le cas de Thérèse; ou bien la prolongation de sa pensée par des écrits de valeur.

Sur ce dernier point, Thérèse de l'Enfant-Jésus méritait de demeurer immortelle; car on lui doit ces pages pieuses, admirables, exquises, qu'on a appelées l'*Histoire d'une Ame*. Parlons-en enfin, et feuilletons-les avec délices et respect.

Le livre se divise en plusieurs parties : la première, qui comprend huit chapitres, a été rédigée par Thérèse, sur le désir de sa sœur Pauline, Mère Agnès de Jésus, alors Prieure du Monastère, qui lui avait dit en 1895 : « Écrivez pour moi seule les souvenirs de votre enfance. »

Thérèse répondit avec joie au désir de celle qui était deux fois sa mère. D'abord elle avait craint « *de dissiper son cœur en le faisant; mais Jésus lui avait fait sentir qu'en obéissant simplement, elle lui serait agréable* ».

Puis, avant de prendre la plume, elle s'était agenouillée devant cette Vierge de famille, qui l'avait jadis guérie, et qu'elle fixa plus tard de son regard mourant. Elle supplia la Reine du Ciel de guider sa main, afin de ne pas tracer une seule ligne qui ne lui soit agréable, et commença son manuscrit en parlant de la vocation, à laquelle elle avait été appelée par Jésus.

Au cours de ces chapitres, Thérèse s'adresse à sa sœur, et elle lui parle avec un ton de confiance et d'abandon vraiment charmant... Elle se raconte dans son enfance et dans son adolescence, avec une fraîcheur, une simplicité tendre, un esprit de foi précoce, qui constituent la lecture la plus vivante et la plus reposante qui soit. C'est à ce point, que pas un des biographes de la Sainte ne peut parler d'elle complètement et donner la physionomie de son âme, sans citer souvent ces lignes admirables.

Personne, en effet, mieux que Thérèse ne pouvait peindre les scènes de famille qu'elles a retracées; nul ne pourrait comme elle parler de ses souffrances, de ses petites joies, et surtout de ses élans pieux, de toute sa vie extérieure et intérieure en un mot : ces pages sont aussi bien pensées que joliment écrites.

La seconde partie de l'œuvre, qui comprend les chapitres IX et X, a été rédigée en 1897, à un moment où la pauvre moniale était déjà bien malade; elles font contraste avec les pages précédentes par un ton quelque peu douloureux et par des aperçus mystiques de haute envolée. D'ailleurs le style est plus retenu; car ces lignes sont adressées à Mère Marie de Gonzague, qui l'année précédente avait succédé à Mère

Agnès de Jésus dans la charge de Prieure, après l'avoir déjà été au moment où notre Sainte était entrée au Carmel et avait fait sa profession.

En prenant de nouveau la plume, Thérèse « *ne peut s'empêcher de rire, parce qu'elle va raconter des choses que la Prieure sait aussi bien qu'elle. Enfin, elle obéit, sans chercher quelle utilité peut avoir ce manuscrit, et elle avoue que si on le brûlait sous ses yeux avant même de l'avoir lu, elle n'en éprouverait aucune peine* ».

On le voit, elle ne connaît pas l'amour-propre, cette plaie bien connue des écrivains ; elle cherche avant tout le règne de Dieu !

Dans les lignes qui suivent, elle annonce qu'elle cherche le moyen d'aller au ciel par une petite voie bien droite, bien courte, une petite voie toute nouvelle ; ce sera la voie de l'*enfance spirituelle*, dont nous parlerons bientôt. Et comme nous sommes dans un siècle d'inventions, Thérèse dit qu'elle voudrait trouver un ascenseur pour s'élever jusqu'à Jésus ; car elle se sent trop petite pour gravir le rude escalier de la perfection.

Plus loin, notre Sainte fait une délicieuse comparaison :

« *Je suis*, dit-elle, *le petit pinceau que Jésus a choisi pour peindre son image dans les âmes qui me sont confiées, les novices du Carmel. Un artiste a plusieurs pinceaux, il lui en faut au moins deux : le premier, qui est le plus utile, donne les teintes générales et couvre complètement la toile en fort peu de temps ; l'autre, plus petit, sert pour les détails. Ma Mère, c'est vous qui me représentez le précieux pinceau que la main de Jésus tient avec amour, lorsqu'il veut faire un grand travail dans l'âme de son enfant ; et moi, je suis le tout petit pinceau qu'il daigne employer ensuite pour les moindres détails.* »

Est-il rien de plus joliment pensé et de plus gracieusement dit que cela ? Le meilleur de nos poètes n'aurait pas mieux parlé, et, sans doute, il n'y aurait pas mis cette teinte d'humilité que nous rencontrons ici, un des traits distinctifs du caractère de Thérèse. C'est sans doute en pensant à ce trait que le Pape Pie XI a dit un jour de Sœur Thérèse qu'elle « était une miniature exquisement fine de parfaite sainteté ».

Cependant, à ces douceurs il ne se mêle aucune mièvrerie, aucune fadeur, dans l'œuvre de notre Sainte ; elle conserve toujours le goût et la mesure *même au point de vue littéraire*, et ces qualités rendent sa vie intéressante à lire même pour des hommes mûrs et des ecclésiastiques qui recherchent avant tout le fond d'une œuvre. Oui ! il y a de la réflexion parfois très profonde, de l'observation aussi, de la simplicité, du bon sens religieux, dans ce qu'elle écrit ; voici quelques lignes bien curieuses à ce propos :

« *En dehors de l'office divin, que je suis heureuse, quoique bien indigne, de réciter chaque jour, je n'ai pas le courage de m'astreindre à chercher dans les livres de belles prières ; cela me fait mal à la tête, il y en a tant ! Et puis, elles sont toutes plus belles les unes que les autres ! Ne pouvant donc les réciter toutes, et ne sachant lesquelles choisir, je fais comme les enfants qui ne savent pas lire, je dis tout simplement au Bon Dieu ce que je veux lui dire, et toujours il me comprend.* »

La troisième partie de *l'Histoire d'une âme* se compose d'un seul chapitre qui est adressé à Sœur Marie du Sacré-Cœur, sa sœur aînée Marie, qui lui avait demandé à son tour de lui laisser un souvenir. Thérèse ne veut pas refuser cela à celle qui fut deux fois sa sœur et qui fut sa marraine, et elle met par écrit pour elle le rêve le plus consolant de sa vie et *sa petite doctrine*, comme disait sœur Marie du Sacré-Cœur.

On le voit, ce chapitre complète les précédents dans l'exposé de la voie d'enfance spirituelle, qui a été mise en lumière par notre Sainte. Ici, elle reprend le ton familier et charmant qu'elle avait employé avec sa sœur Pauline au début de son œuvre.

Ici encore la petite moniale a des envolées superbes qui rappellent celles de Thérèse d'Avila :

« *Être votre épouse, ô Jésus !* dit-elle, *être Carmélite, être, par mon union avec Vous, la mère des âmes, tout cela devrait me suffire ! Cependant je sens en moi d'autres vocations ; je me sens la vocation de guerrier, de prêtre, d'apôtre, de docteur, de martyr. Je voudrais accomplir toutes les œuvres les plus héroïques, je me sens le courage d'un Croisé, je voudrais mourir sur un champ de bataille pour la défense de l'Église.* »

Décidément, Thérèse de l'Enfant-Jésus, avec son humilité, est une grande âme ; elle est digne de son illustre Mère la réformatrice du Carmel ; elle est sœur de Jeanne d'Arc !...

Nous ne fermerons pas ce chapitre XI sans citer encore les lignes suivantes, tellement poétiques, que la physionomie de notre sainte ne nous paraîtrait pas complètement décrite, si elles manquaient à ce livre :

« Mon Dieu, je comprends votre amour pour moi, mais vous le savez, bien souvent je me laisse distraire de mon unique occupation, je m'éloigne de vous, je mouille mes petites ailes à peine formées aux misérables flaques d'eau que je rencontre sur la terre ! Alors, je gémis comme l'hirondelle, et mon gémissement vous instruit de tout, et vous vous souvenez que vous n'êtes pas venu appeler les justes, mais les pécheurs. Cependant, si vous demeurez sourd aux gazouillements plaintifs de votre chétive créature, si vous restez voilé ; eh bien ! je consens à rester mouillée, j'accepte d'être transie de froid, et je me réjouis encore de cette souffrance pourtant méritée.

« O mon Astre chéri ! Oui, je suis heureuse de me sentir petite et faible en votre présence, et mon cœur reste dans la paix. Je sais que tous les aigles de votre cour céleste me prennent en pitié, qu'ils me protègent, me défendent et mettent en fuite les vautours, image des démons qui voudraient me dévorer.

« Ah ! je ne les crains pas, je ne suis point destinée à devenir leur proie, mais celle de l'Aigle divin. »

Est-il rien de plus beau ? Le saint Curé d'Ars, une petite âme lui aussi, avait employé cette comparaison avec l'aigle, et il l'avait appliquée un peu différemment : « Celui qui prie, avait-il dit, est un aigle intrépide qui plane dans l'air, et semble toujours vouloir se rapprocher plus près du soleil. »

Enfin, le XIIe et dernier chapitre est le récit des souffrances de la jeune moniale, particulièrement pendant sa dernière maladie et au moment de sa mort, souffrances auxquelles nous avons assisté, les larmes aux yeux. Ce chapitre a été composé par les religieuses Carmélites, témoins de la vie et des derniers instants de la sainte.

L'impression produite par ce livre fut considérable et dépassa toutes les prévisions; en l'espace de vingt-sept années, plus de deux millions et demi d'exemplaires furent écoulés, après avoir été traduits en diverses langues. Ceux et celles qui avaient lu le récit de Thérèse en étaient tout pénétrés; des conversions nombreuses se produisaient; des postulantes venant de France, d'Irlande, d'Italie et de l'Amérique, se présentaient en nombre au Carmel de Lisieux, et étaient réparties dans divers couvents. L'une d'elles, qui prit plus tard le nom de Mère Marie-Ange de l'Enfant-Jésus, avait été une mondaine, dans toute l'acception du mot, avant d'avoir lu l'*Histoire d'une âme*. « Ce fut un jaillissement de lumière dans l'obscurité d'une conscience qui cherchait sa voie. Peu de temps après elle se présentait au couvent de Lisieux, comme une conquête de Sœur Thérèse.

Dès le début elle s'appliqua à copier le modèle

qui l'avait séduite, et jusqu'à la grâce poétique de la sainte moniale. Ses hautes qualités lui valurent d'être préposée, toute jeune, à la direction du monastère ; et, une fois prieure, elle usa de tous les moyens pour obtenir de l'Église la consécration des vertus de Sœur Thérèse ; elle put décider dès 1908 Monseigneur Lemonnier, récemment nommé évêque de Bayeux, à lui prêter son concours. Mais la même maladie que celle de Thérèse devait l'atteindre elle aussi, et, après sept années passées dans le cloître, elle rejoignit Thérèse au sein de Dieu, afin d'aller l'aider, disait-elle.

Mais voici qui est plus curieux. Un grand industriel anglais de Liverpool, qui occupe une centaine d'ouvriers des deux sexes, avoue qu'avant d'avoir connu Sœur Thérèse, il n'avait jamais pensé à améliorer la situation de son personnel. Après avoir lu l'*Histoire d'une âme*, il devient un autre homme. Il distribue le livre à ses ouvriers ; il fait placer l'image de la sainte dans ses ateliers, et il envoie plusieurs de ses subordonnés faire des retraites pieuses ; enfin, il pense non seulement à leur moral, mais aussi à leur amélioration matérielle : il consent à donner des congés payés et à organiser des petites fêtes, au cours desquelles il apparaît non comme un patron, mais comme un père. Il marche à grands pas dans la « petite voie » ; il a compris la doctrine de l'amour (1).

(1) Monseigneur Laveille.

Un journaliste parisien, M. de Waleffe du *Journal*, après avoir lu lui aussi la vie de Sœur Thérèse, écrit ces lignes : « Des millions de croyants ont sangloté en lisant ce livre; je l'ai lu aussi, et j'ai frémi à mon tour d'admiration et de tendresse. Il n'y a même nul besoin d'être croyant pour comprendre qu'on est là devant une cime morale de l'humanité, d'une noblesse et d'une beauté si rares, que les larmes en viennent aux yeux. Le vrai miracle, le voilà ! Il y a des âmes si puissantes qu'elles créent véritablement l'objet de leur désir. On ne peut les approcher sans être emporté dans le vent de leurs ailes ! Ainsi le rêve brûlant d'une enfant a triomphé des plates réalités terrestres ! L'holocauste de la petite martyre n'a pas été illusoire. Et qui sait si le secret suprême de la paix du cœur, orgueilleusement cherché par les philosophies, ne se trouve pas dans sa doctrine d'aimer Dieu et les hommes, comme les aimerait un petit enfant? La France a donné au monde l'âme la plus pure qui ait vécu depuis François d'Assise. »

Mais Sœur Thérèse a survécu encore par des grâces et des miracles sans nombre racontés un à un dans une publication spéciale intitulée *Pluie de Roses*, qui en l'espace de quinze années a réuni plus de 3000 pages (1).

Nous parlerons, dans le chapitre suivant, des quatre grands miracles retenus par la Congrégation

(1) En vente à l'Office central de Lisieux.

des Rites pour la Béatification et la Canonisation de la sainte; énumérons succinctement ici quelques-unes des faveurs qui lui sont dues.

Pendant la grande guerre, la sainte fut partout : sur le champ de bataille, dans les tranchées, dans les hôpitaux, au chevet des blessés et des mourants. Ah! c'était une bonne Française! Des soldats qui portent son image voient les balles s'arrêter devant elle; d'autres se convertissent au moment de mourir! Aussi la confiance de ces braves envers leur petite amie est-elle sans bornes. Un aviateur ne peut se consoler d'avoir perdu une relique de la petite sainte; un fantassin écrit à sa mère qu'il ne craint plus rien parce qu'il a un souvenir de sœur Thérèse : un artilleur s'écrie : « Petite sainte, protégez-moi en place de maman qui n'est plus là (1). »

A ce moment-là, les restes de la jeune moniale se trouvaient encore au cimetière de Lisieux; il fallait voir sa tombe couverte de photographies, de bouquets, et de billets, souvenirs des grâces obtenues.

L'action de la petite sœur ne se bornait pas à la France; des parties les plus éloignées de l'univers, des lettres, des attestations des guérisons les plus surprenantes parvenaient au Carmel de Lisieux, qui les recueillait avec grand soin.

L'enthousiasme était universel; il s'exprimait à chaque grâce nouvelle, venant d'Italie, d'Autriche,

(1) Interventions de Sœur Thérèse pendant la Guerre.

des colonies anglaises, d'Espagne et surtout de l'Amérique du Sud ; de toutes parts on demandait des reliques de la sainte, on écrivait pour solliciter des prières et des neuvaines !

Et toujours les faits miraculeux se multipliaient.

Dans un quartier populeux de la ville de Boulogne-sur-Mer (Pas-de-Calais), une pieuse demoiselle, nommée Mlle Constance Cardon, réunissait, pour les instruire, les enfants retardataires dans l'étude du catéchisme. Au mois d'avril 1915, une pauvre femme lui apporta son petit garçon presque mourant, afin qu'elle s'occupât de lui faire faire le plus tôt possible sa première communion.

Le malheureux enfant s'appelait Arthur Pottot, il avait huit ans et demi, et depuis l'âge de cinq ans il était défiguré par une tumeur à la joue ; l'os de sa mâchoire, tout carié, s'en allait par morceaux, et à l'époque dont nous parlons, il avait en plus cinq gros abcès qui coulaient abondamment. Il était si affreux à voir qu'on l'avait surnommé dans le quartier « le petit rhinocéros ».

Émue de pitié, Mlle Cardon adopta donc Arthur parmi ses protégés, et jusqu'au mois de juillet 1915, elle l'instruisit des principales vérités de la religion. Elle désirait si vivement lui obtenir la grâce de recevoir Jésus Eucharistie, qu'elle invita tous ses jeunes élèves à faire, dans cette intention, une neuvaine à Sainte Thérèse, si bonne toujours pour les enfants.

La neuvaine s'était terminée le 5 juillet, mais sans

amener aucun changement. Loin de se décourager, on avait redoublé de prières et de confiance, et voici que, le 10 juillet au matin, Arthur arrivait à la leçon de catéchisme, son bandeau à la main, et parfaitement guéri. En une nuit, tous ses abcès s'étaient cicatrisés, l'os qui lui fendait la lèvre était tombé, et il n'y avait plus une seule plaie !

Devant une telle grâce, la pieuse maîtresse et ses enfants se jetèrent à genoux, pleurant de joie, et ils chantèrent tous ensemble le *Magnificat*.

Puis, les petits compagnons d'Arthur, le prenant par la main, s'élancèrent dans la rue, ouvrant les portes des maisons et criant tout joyeux : « *Nous avons fait un miracle, venez voir le petit Pottot, il n'a plus rien, il est guéri !* » Et l'heureux privilégié criait à son tour : « Je n'ai plus de mal, c'est sainte Thérèse qui m'a guéri ! » Sa mère était là, pleurant de bonheur.

Le lendemain 11 juillet, Arthur faisait sa première communion avec ses camarades, au milieu de l'émotion générale. Depuis, il va très bien, et il n'a jamais oublié la *Sainte qui l'a guéri !* (1)

Voici une lettre écrite en septembre 1913 par Madame Denise Henry, de Ménil-sur-Belvitte (Vosges) :

« J'ai obtenu de nombreuses grâces par l'intervention de Sœur Thérèse ; mais je veux faire connaître

(1) *Pluie de Roses.*

sa protection merveilleuse en faveur de ma petite fille Anne-Marie, âgée de deux ans et demi.

« Le 9 septembre 1913, j'étais occupée à une centaine de mètres de la maison, où je venais de laisser ma petite fille endormie. Tout à coup, je me sentis poussée par une force mystérieuse à retourner auprès d'elle ; étonnée, j'obéis cependant à cette impulsion que je ne pouvais comprendre.

« Quand j'arrivai à la maison, une fumée épaisse sortait par la porte, je me précipitai dans la chambre de ma petite fille, au premier étage ; une fumée si compacte remplissait la pièce que j'eus peine à trouver la fenêtre pour l'ouvrir. Aussitôt la fenêtre ouverte, la fumée s'échappant, me permit de voir le grand lit tout en feu ; je m'y précipitai, jetant un édredon pour étouffer l'incendie. Je sentis alors deux petits bras s'enlacer autour de mon cou ; c'était mon pauvre petit ange qui m'embrassait en disant : « J'ai chaud, maman ! » Elle était à genoux au milieu des flammes, qu'elle regardait sans frayeur et qui l'avaient épargnée : *pas un seul de ses cheveux n'était brûlé, sa petite chemise était absolument intacte et ses genoux, comme imprimés sur le drap, indiquaient la limite de l'action du feu.*

« Voici la cause de l'accident : la petite fille s'était éveillée et était allée chercher, pour s'amuser, la lampe à alcool qui se trouvait sur une étagère. Elle était revenue au lit où elle l'avait allumée et, la lampe ayant éclaté, l'alcool en feu s'était répandu !

« La chaleur avait été si forte, que la monture en fer de la lampe était dessoudée ; et comment comprendre, sans une protection miraculeuse, que mon enfant fût là, saine et sauve, dans les flammes, alors que l'édredon, les oreillers, les couvertures, les draps même et le matelas brûlaient autour d'elle?... Comment les jets d'alcool enflammé, qui avaient creusé des trous profonds de brûlure dans son édredon, avaient-ils épargné son visage et toute sa personne?

« Ah! sans doute, c'était la prière de ma petite chérie, renouvelée au moment du danger, qui fut alors exaucée. Nous en avons la preuve certaine dans ce fait que, depuis le jour même de l'accident, chaque soir, elle dit, sans que personne le lui ait suggéré : *« Merci, Thérèse, d'avoir pas brûlé moi !* »

« Rien n'est plus touchant comme d'entendre ce merci enfantin et spontané.

« Que la chère sainte continue à protéger toujours mon enfant et ses cinq petits frères et sœurs! (1) »

Le jour même de la translation des restes de la sainte du cimetière au Carmel, le 26 mars 1923, un grand blessé de guerre, qui avait perdu l'usage de ses jambes depuis plusieurs mois, le recouvre subitement.

Une petite fille aveugle retrouve instantanément la vue et contemple avec bonheur les reliques entrant au Carmel. Une dame parisienne, incapable de pren-

(1) *Pluie de Roses.*

dre aucune nourriture sans souffrance, guérit à Lisieux même et s'en retourne toute joyeuse.

Souvent la Sainte agit aussi directement ; mais parfois aussi elle se sert des autres pour satisfaire un désir ou un besoin même matériel. Voici à ce propos un fait rapporté dans un des numéros de la *Pluie de Roses* ; il s'est passé dans une colonie française, au Sénégal, en juillet 1911. Plusieurs missionnaires sont à table avec leur évêque, et la conversation roule sur les interventions miraculeuses de Sœur Thérèse ; mais il y a des sceptiques parmi les convives. Enfin, l'un des missionnaires veut en avoir le cœur net : « Eh bien ! dit-il, si la petite sœur est si puissante, qu'elle nous envoie mille francs aujourd'hui même pour la construction de notre église ! » La sainte relève le défi ; et avant la fin de la journée un officier apporte dans une enveloppe deux billets de cinq cents francs, pas un sou de plus, pas un sou de moins !...

Que dire du mouvement des pèlerins qui affluent vers la cité lexovienne, principalement en été ? Il atteint des proportions inouïes ; on a compté pour l'année 1923 plus de 200.000 visiteurs qui ont passé par le Carmel.

En présence d'un pareille affluence, la ville normande s'est transformée, elle aussi, comme par miracle ; des hôtels, des refuges pour les pèlerins ont été créés.

Quant à la chapelle du Carmel jadis exiguë, on lui

a fait subir des transformations indispensables, à la suite desquelles a eu lieu sa consécration en 1925.

Dès le parvis, on remarque une statue de la sainte en marbre blanc. Au-dessus du maître-autel très riche, est un groupe représentant la Vierge et l'Enfant-Jésus ; celui-ci donne des roses à sainte Thérèse, qui les distribue généreusement.

Mais c'est la chapelle de la châsse, à droite, qui attire surtout l'attention. Sur de grands degrés repose une effigie en marbre teinté représentant la sainte, dans son costume de Carmélite. Elle est couchée sur des coussins et elle tourne son visage vers l'assistance. Sur sa tête est posée une couronne de roses blanches, celle-là même qui fut placée sur le front le jour de la mort. La main droite tient une rose, le long du corps ; la main gauche presse sur la poitrine le crucifix.

A l'intérieur de cette effigie se trouve un coffret en bois de rose contenant une partie des ossements de la sainte; le tout est abrité par une vaste vitrine.

La sœur Thérèse est entourée de deux anges, dont l'un tient un livre ouvert sur lequel on lit ces mots : « Si vous ne devenez comme des petits enfants, vous n'entrerez pas dans le royaume des Cieux », et dont l'autre montre un petit enfant agenouillé.

Dans le soubassement de la châsse, se trouve le reliquaire en argent massif, offert par les fidèles Brésiliens.

Plusieurs autres chapelles sont consacrées à l'Enfant Jésus, à la Sainte Face, à saint Michel, à sainte Thérèse, à saint Joseph et à saint Jean de la Croix.

Enfin, près de la sacristie se trouve une salle qui contient plusieurs souvenirs sous vitrines : entre autres, la magnifique chevelure blanche de Thérèse, ses robes de baptême et de première communion, ses vêtements de Carmélite, et une table sur laquelle elle exécutait ses peintures.

La popularité de sœur Thérèse est devenue telle que les Carmélites de Lisieux ont dû se réserver la partie exclusivement spirituelle de la nouvelle dévotion, neuvaines et prières.

Quant à la partie matérielle, diffusion de cette dévotion, renseignements aux pèlerins, elle a été confiée à un office central, qui fonctionne pour le mieux sous l'intelligente direction de M. de Bercegol.

On le voit, par ces détails même, la survie de la Sainte était incomparable ; elle s'affirmait de toutes les manières et dans l'univers entier !

Il ne lui manquait plus que la consécration que la voix de l'Église allait lui donner.

CHAPITRE VII

La voix de l'Église

Les foules acclament Sœur Thérèse comme une Sainte. — L'Église, émue de ce mouvement universel, décide de commencer le Procès de Béatification. — Deux grands miracles approuvés par Rome : Sœur Thérèse est proclamée Bienheureuse. Deux autres grands miracles approuvés. — Description détaillée de la cérémonie de la Canonisation, à Saint-Pierre de Rome, le 17 mai 1925.

Sœur Thérèse avait tenu parole ; elle passait son Ciel à faire du bien sur la terre ; les grâces et les faits miraculeux qu'on lui devait ne se comptaient plus. Et cependant, alors que la voix du peuple, qui est parfois la voix de Dieu, l'appelait déjà Sainte, elle n'était même pas sur le chemin de la béatification. L'Église, avec sa prudence habituelle, ne se pressait pas de consacrer la nouvelle dévotion, d'autant plus que celle-ci s'affirmait avec une rapidité qu'on n'avait jamais rencontrée peut-être encore au cours des âges.

Cependant, nous l'avons vu, l'élan de confiance envers la jeune moniale avait débordé la France et s'était étendu dans toutes les parties du monde : et ce fait extraordinaire faisait dire au Cardinal Vico,

Préfet de la Congrégation des Rites : « Si nous étions aux temps primitifs de l'Église, où les béatifications des serviteurs de Dieu se faisaient par acclamations, il y a longtemps que Sœur Thérèse serait béatifiée. »

Cette situation ne pouvait durer ; et l'autorité ecclésiastique, fortement émue, désigna enfin, au début de 1909, deux personnages, deux postulateurs, qui seraient chargés de défendre la cause de la petite moniale ; l'un était le P. Rodrigue, carme déchaussé, qui résidait à Rome ; l'autre Monseigneur du Teil, prélat de Sa Sainteté, qui résidait à Paris.

En mars 1910, Monseigneur Lemonnier, évêque de Bayeux et Lisieux, fit rechercher dans son diocèse tout ce qu'avait pu écrire la sainte religieuse ; et il constitua un tribunal ecclésiastique, dont la mission devait consister à instruire la cause.

On appela devant ce tribunal, pour entendre leurs témoignages, onze religieuses du Carmel de Lisieux ; on devine avec quelle émotion on écouta les propres sœurs de Thérèse, Mère Agnès de Jésus, Mère Marie du Sacré-Cœur et Mère Geneviève de la Sainte-Face, celles que nous avons connues dans le monde sous les noms de Pauline, Marie et Céline Martin. En outre, vingt-six autres témoins furent aussi entendus, qui apportèrent des renseignements précis, puisque beaucoup avaient connu la servante de Dieu.

On voulut à ce moment-là exhumer les restes de la sainte Carmélite, qui se trouvaient au cimetière de Lisieux, sur une hauteur dominant la ville. Le cercueil fut ouvert en présence de Monseigneur Lemonnier, et l'on se trouva en présence d'ossements recouverts de lambeaux d'étoffes ; le corps n'avait pas été préservé, selon la prédiction de Thérèse, qui voulait que sa sépulture fût tout à l'ordinaire ; mais diverses personnes présentes perçurent des odeurs parfumées très nettes, qui s'échappèrent de la sainte dépouille. On plaça ces restes dans un nouveau cercueil, qui fut déposé dans un caveau cimenté non loin de la première tombe.

Une fois le procès terminé à Lisieux, toutes les pièces de l'information furent portées à Rome, et remises à la Congrégation des Rites ; et le 10 juin 1914, le Pape Pie X promulguait l'introduction de la cause de Sœur Thérèse en cour de Rome. Monseigneur Lemonnier recevait le pouvoir de constituer un nouveau tribunal, qui devait commencer une seconde information, dite procès apostolique.

Ce furent des prêtres du diocèse de Bayeux qui composèrent ce tribunal, qui tint 91 sessions et termina son œuvre le 30 octobre 1917, après avoir réuni un dossier qui n'avait pas moins de 2500 pages.

La validité de ce dossier fut reconnue ensuite par le Pape Benoît XV, qui, pour répondre à un souhait général, exempta la cause des cinquante années de délai requises entre la mort des serviteurs de Dieu et la discussion du procès de Béatification.

Au cours de celui-ci, la Congrégation des Rites

retint deux miracles parmi ceux attribués à Sœur Thérèse ; les voici :

L'un d'eux se rapporte à la guérison d'une religieuse des Filles de la Croix, à Ustarritz (Basses-Pyrénées). Cette religieuse, sœur Louise de Saint-Germain, était atteinte, depuis le début de 1913, d'un ulcère à l'estomac. Elle avait déjà reçu les derniers Sacrements, quand elle commença une neuvaine à Sœur Thérèse, dans le courant de 1915. N'ayant pas été exaucée à ce moment-là, elle renouvela ses prières, et Sœur Thérèse lui apparut : « *Soyez généreuse,* lui dit-elle ; *bientôt vous guérirez, je vous le promets.* »

Le matin qui suivit cette apparition, les sœurs trouvèrent autour du lit de la malade des pétales de roses de toutes couleurs ; et quelques jours après, la religieuse était guérie. Cette guérison fut constatée par deux sommités médicales de Paris. L'autre miracle est peut-être encore plus frappant. Le voici, tel que le raconte Monseigneur Laveille dans son remarquable livre sur sainte Thérèse de l'Enfant-Jésus :

« Depuis que le renom de Sœur Thérèse avait franchi les limites de son ancien couvent, les récréations du grand séminaire de Bayeux se passaient souvent en discussions sur les mérites ou les prodiges de la jeune vierge lexovienne. Tel séminariste jugeait sa piété mièvre ou inaccessible, alors que tel autre exaltait les belles pages de l'*Histoire d'une âme*, ou vantait les miracles déjà accomplis par la « petite Thérèse ». Entre ceux-ci, se distinguait un jeune clerc, M. l'abbé Anne, originaire de Lisieux.

« Sa santé avait toujours été bonne, lorsque, vers le mois de juin 1904, il commença à dépérir. Deux ans plus tard, le 23 août 1906, il tombait épuisé, à la suite d'un crachement de sang qui avait révélé une tuberculose déjà fort avancée.

« Les médecins consultés reconnaissent aussitôt les symptômes de la phtisie galopante : cavernes profondes aux poumons, fièvre brûlante et dégoût de toute nourriture. Aucun espoir ; c'est la mort au bout de quelques jours.

« Cependant, on commence une neuvaine à Sœur Thérèse. On passe au cou du moribond une relique de la petite Sainte. Mais le mal fait des progrès foudroyants. Un soir, la religieuse garde-malade juge que l'abbé va trépasser dans la nuit, et l'engage à faire généreusement le sacrifice de sa vie.

« Cependant le séminariste ne veut pas mourir. Il sent que Sœur Thérèse est près de lui, qu'elle le protège, qu'elle tient la mort en suspens, pour le rendre enfin à sa famille et à l'Église. A peine l'infirmière a-t-elle achevé son charitable avertissement, qu'il saisit la relique de la sainte carmélite, la presse sur son cœur, puis, dans un élan de confiance éperdue, il fait mentalement cette prière : « Petite Thérèse, vous êtes au ciel, j'en suis sûr. Je suis sur la terre où il y a du bien à faire. Il *faut* me guérir. » Cet appel à peine formulé, sans bruit de paroles, mais avec une intensité d'espérance que le malade ne se connaissait pas, il se dresse sur son séant : plus de suffocation, plus de douleur, plus de fièvre épuisante. Il veut se lever : il est guéri.

« Les médecins mandés en hâte constatent que le mourant est en pleine santé. A la place des poumons ravagés et détruits, d'autres poumons se sont subitement formés, qui fonctionnent normalement et vont vivifier tout l'organisme. Un peu de maigreur subsiste, que fera disparaître en quelques jours une alimentation régulièrement assimilée. C'est une résurrection.

« Aujourd'hui, M. l'abbé Anne, aumônier de l'hôpital général de Lisieux, suffit au service de huit cents malades. C'est un prêtre dans la force de l'âge et qui paraît doué de la plus belle santé. La petite Thérèse n'a pas fait les choses à demi. Non contente de le guérir, elle l'a gratifié d'une vigueur peu commune. Impossible de présenter un cas plus remarquable aux juges ecclésiastiques qui devaient prononcer sur l'intervention d'en haut. »

La Congrégation de Rites, après avoir discuté ces deux guérisons, rendit un jugement favorable, et Sa Sainteté Pie XI, le 11 février 1923, approuva solennellement par décret ces deux miracles : désormais la Béatification de Sœur Thérèse était certaine.

Puisque la dévotion nouvelle allait être solennellement consacrée, il était convenable d'arracher à la terre les reliques de Sœur Thérèse pour les conduire dans la chapelle du Carmel à Lisieux. Cette solennité fut fixée au 26 mars 1923, et elle fut marquée par un miracle nouveau, vraiment éclatant.

Une pauvre femme venue d'Angers avait pu s'approcher du cercueil au cimetière, et déposer contre lui sa petite filleule atteinte d'une maladie de la moelle épinière et privée de mouvement. Elle se mit à prier avec ardeur ; et, après quelques minutes, le petit corps à demi paralysé se redressa, et l'enfant, qui ne pouvait plus marcher, retrouva la vigueur et l'agilité (1).

Un cortège magnifique, composé de plus de deux cents prêtres, de toutes les communautés de la ville, et d'un groupe d'officiers, accompagna le char qui ramenait les reliques au Carmel : celles-ci furent identifiées, et ensuite placées dans deux coffrets : l'un en argent, l'autre en bois de rose. Tous deux, ces coffrets furent placés dans une magnifique châsse, envoyée par les fidèles brésiliens.

Le 29 avril de la même année, Sœur Thérèse était solennellement proclamée Bienheureuse par le Chef de l'Église.

Ce jour-là, dans Saint-Pierre de Rome, plus de quarante archevêques et évêques avaient pris place autour du Saint-Père.

(1) Monseigneur Laveille.

L'ambassadeur de France se trouvait au premier rang du corps diplomatique accrédité auprès du Saint-Siège.

On commença par lire un Bref pontifical, exposant brièvement la vie de la Bienheureuse, et sa petite voie d'enfance spirituelle, puis concluant et décernant les honneurs de la Béatification. Alors, Monseigneur Lemonnier, évêque de Bayeux, entonna le *Te Deum* : un flot de lumière jaillit, entourant l'image de Sœur Thérèse. C'est encore l'évêque de Bayeux qui eut le privilège de célébrer la messe composée en l'honneur de la Sainte, et dont voici l'émouvante oraison :

« Seigneur, qui avez dit : Si vous ne devenez comme de petits enfants, vous n'entrerez pas dans le royaume des cieux : — donnez-nous, nous vous en supplions, de suivre si facilement la bienheureuse vierge Thérèse dans la voie d'humilité et de la simplicité du cœur, que nous méritions de partager sa récompense éternelle. »

L'après-midi, Sa Sainteté Pie XI se rendit à Saint-Pierre, porté sur la *sedia*, entouré du cortège des suisses, des gardes nobles, des prélats et des cardinaux. Arrivé devant l'image de la Bienheureuse, il pria avec supplications celle qu'il a appelée « l'Étoile » de son Pontificat.

Le Carmel de Lisieux fêta sa petite moniale, maintenant sur les autels, par un triduum solennel, auquel assista le Cardinal Vico, légat du Saint-Siège et ponent de la Cause. On remarquait à ses côtés trente prélats et huit cents prêtres, — qui accompagnèrent les reliques de la Bienheureuse, promenées à travers la ville de Lisieux, au milieu d'une multitude de plus de soixante mille fidèles...

Cependant, il restait une dernière étape à parcourir pour que la sainteté de Sœur Thérèse fût canoniquement consacrée : et la Congrégation des Rites, dans ce nouveau stade, retint deux nouveaux miracles, parmi la multitude de ceux attribués à la Bienheureuse.

Le premier fut la guérison d'une religieuse italienne, Sœur Gabriela Trimusi, atteinte d'arthrite du genou gauche et de tuberculose des vertèbres. Elle recourut à Sœur Thérèse pendant le Triduum qui eut lieu à Parme, en juin 1923; et après avoir assisté à la clôture de cette solennité, elle put quitter le corset qui la maintenait et sans lequel il lui était imposible de se soutenir : en même temps, elle constata que toutes ses infirmités avaient disparu.

L'autre guérison est celle de Mlle Marie Pellemans, originaire de Schaerbeek, près Bruxelles. Dès son enfance elle était affligée d'une tumeur blanche à la jambe droite; elle avait, de plus, de la tuberculose pulmonaire et une entérite grave. Elle dépérissait à vue d'œil, quand elle se décida à faire le pèlerinage de Lourdes, où elle ne fut pas guérie. Au mois de mars 1923, se traînant à peine, elle voulut faire le pèlerinage de Lisieux, où elle eut à son arrivée deux syncopes qui faillirent l'emporter. On l'amène au Carmel : et elle se trouve en face de la Prieure, la propre sœur de Thérèse, qui lui donne l'injonction de demander sa guérison.

Marie Pellemans se rend à la tombe de Thérèse; elle s'y assoupit, et n'est réveillée que par le geste du directeur du pèlerinage, qui lui tend une rose ramassée là, tout près. La malade, à ce moment, se sent complètement guérie. Elle retourna facilement à l'hôtel, prit part au repas, mangea de tous les plats, ce qu'elle n'avait fait depuis deux ans. Elle visita les Buissonnets, et retourna à la tombe remercier la chère petite Sœur. Cette guérison fut constatée médicalement au retour en Belgique : tout vestige de tuberculose avait disparu. La santé de Marie Pellemans est devenue prospère; elle est maintenant au Carmel de Gand, pratiquant sans le moindre malaise les austérités de la règle.

Ces deux faits miraculeux, après avoir été dûment discutés, furent approuvés par décret du Saint-Père, qui, avant la canonisation, en référa, en trois consistoires, aux cardinaux et évêques dont le diocèse est situé dans un rayon de cent milles autour de Rome, appelés à donner leurs votes : ceux-ci furent en grande majorité favorables à la cause.

Il ne restait plus qu'à procéder à la cérémonie de la Canonisation : elle eut lieu le dimanche 17 mai 1925, et fut d'un éclat exceptionnel.

Ce jour-là la basilique de Saint-Pierre avait revêtu sa parure des grandes fêtes; les piliers de marbre étaient tendus de damas rouge à franges dorées ; et à la base des statues, on avait placé des guirlandes de verdure. Des piliers qui supportent la coupole descendaient des bannières où revivaient les miracles approuvés pour la canonisation de la Sainte.

De bonne heure, l'immense nef et le transept étaient remplis, ainsi que les tribunes disposées dans l'abside. Le service d'ordre était fait par les Suisses, en costume bleu, rouge et jaune, sur lequel se détachent la cuirasse et la collerette gaufrée. Les gendarmes pontificaux, de grande taille, portent le bonnet à poils ; et dans le chœur, se trouvent les camériers de cape et d'épée, revêtus de leur costume Henri II ; enfin la garde noble, l'épée au poing, se trouve de chaque côté de la Confession ; les Chevaliers de Malte et les Chevaliers du Saint-Sépulcre font sensation avec leurs costumes qui remontent au moyen-âge.

Le corps diplomatique est au complet ; et il a à sa tête M. Doulcet, qui représente la France auprès du Vatican.

Un peu après huit heures, des chants se font entendre au fond de la basilique ; c'est le cortège papal qui arrive. C'est d'abord un chant un peu confus de loin ; mais bientôt on distingue l'*Ave maris Stella*, et l'acclamation *Tu es Petrus*.

A ce moment, les arceaux de la basilique s'illuminent, et ruissellent de lumière. A 9 heures, le Saint-

Père paraît, porté sur la *Sedia gestatoria* ; il est revêtu des plus riches ornements et il a la tiare ; il bénit la foule à mesure qu'il avance, et il est salué par des acclamations enthousiastes : celles-ci se répètent d'ailleurs au moment où passe l'étendard de la Sainte porté par six *bussolanti*, vêtus de rouge. Le cortège est formé de la maison pontificale, du Sacré-Collège, des évêques et prélats, et des représentants de tous les grands Ordres religieux, tous ayant à la main un cierge allumé. La procession se rend directement dans l'abside, où chacun prend la place assignée entre le trône papal et l'autel de la Confession. La statue de saint Pierre a été revêtue de la chape et de la tiare en raison de la solennité.

Le Saint-Père descend de la *Sedia gestatoria* ; il est de taille moyenne, les cheveux à peine grisonnants, le profil fin et noble : son attitude est faite à la fois de simplicité et de majesté ; il s'agenouille et prie quelques minutes dans un profond recueillement ; puis il se rend, au fond de l'abside, à un grand trône, élevé de plusieurs degrés, que dominent la chaire de saint Pierre et la Gloire du Bernin.

Les Cardinaux, Patriarches et Évêques font d'abord une obédience au Chef de l'Église ; puis la cérémonie de la canonisation commence.

Le cardinal Vico, procureur de la canonisation, s'avance et, par la voix d'un avocat consistorial, il demande qu'il soit procédé à la canonisation de la Bienheureuse Thérèse de l'Enfant-Jésus.

Le secrétaire des brefs aux princes, Monseigneur Sebastiani, qui se tient près du Pape, répond en latin que le Saint-Père, bien que pleinement édifié sur les vertus de la Bienheureuse, exhorte cependant l'assistance à implorer les lumières de Dieu par l'intercession des Saints.

Pie XI se prosterne, et toute l'assistance avec lui ; et deux chantres de la Sixtine, avec leurs voix de cristal, commencent les litanies des Saints. Ces appels à l'Église universelle, alternés par les chantres et la foule, sont d'une émotion intense ; on sent que le Ciel communique en ce moment avec la terre !

Le Pape se rassied, et une seconde fois, plus instamment, on lui demande la canonisation de la Bienheureuse.

Le préfet secrétaire répond que Sa Sainteté réclame encore de nouvelles prières. Pie XI prie de nouveau ; puis de sa belle voix grave que répercutent des hauts parleurs, il entame le *Veni Creator*.

Une troisième fois, l'avocat consistorial achève sa requête, et cette fois tout à fait instamment, *instantissime*.

Monseigneur Sebastiani répond alors que le Souverain Pontife est persuadé intimement que la canonisation est chose agréable à Dieu, et qu'il se résout à prononcer la sentence définitive.

L'instant est solennel entre tous... Le secrétaire des brefs ordonne aux assistants de se lever, en disant que « Pierre va parler par la bouche de Pie ».

Alors, au milieu d'un silence religieux, le Pape, mitre en tête, assis sur la Chaire de Pierre, chef lui-même de l'Église infaillible et docteur universel, prononce la formule consacrée :

« En l'honneur de la sainte et indivisible Trinité, pour l'exaltation de la foi catholique et pour l'accroissement de la religion chrétienne, par l'autorité de Notre-Seigneur Jésus-Christ, des bienheureux apôtres Pierre et Paul, et la nôtre, après en avoir mûrement délibéré et avoir plus d'une fois imploré le secours divin, ayant pris l'avis de nos vénérables frères les cardinaux de la sainte Église Romaine, des patriarches, archevêques et évêques présents dans la ville, nous déclarons Sainte et inscrivons au catalogue des Saints la Bienheureuse Thérèse de l'Enfant-Jésus, statuant que sa mémoire devra être célébrée tous les ans, avec une pieuse dévotion, dans l'Église universelle, le jour de sa naissance (au ciel), le 30 septembre. Au nom du Père, et du Fils et du Saint-Esprit. Amen. »

Il était à peu près 10 heures 1/2. A ce moment éclatent des acclamations enthousiastes et des applaudissements, cependant que résonnent les fanfares et que les voûtes de la basilique étincellent de lumières nouvelles et éblouissantes. On entend résonner les grosses cloches de Saint-Pierre, et tous les campaniles de Rome vibrent d'allégresse.

Le Pape se lève, dépose la mitre et entonne le *Te Deum*, que les prélats et les fidèles continuent avec enthousiasme.

Pie XI chante l'oraison propre de la nouvelle Sainte, puis il se rend au petit trône placé près de l'autel, et assiste à l'office de Tierce. Celui-ci achevé, il commence la messe pontificale, et après l'évangile chanté tour à tour en latin et en grec, il revient au grand trône de l'abside, et lit une homélie, composée sur sainte Thérèse de l'Enfant-Jésus dont nous donnons-ci-après un extrait :

« Cette candide enfant, épanouie dans le jardin fermé du Carmel, non contente d'ajouter à son nom celui de l'Enfant-Jésus, retraça en elle-même sa vivante image : et ainsi, quiconque vénère Thérèse, vénère en même temps, on peut le dire, le divin modèle qu'elle reproduit. Ne nous étonnons donc pas si en cette sainte moniale s'est accomplie la parole du Christ : « Quiconque se fera petit comme « un enfant sera le plus grand dans le royaume des « Cieux. »

« La participation surabondante à la lumière et à la grâce divines alluma en Thérèse une si vive flamme d'amour qu'elle en vivait uniquement, planant au-dessus de tout le créé, et qu'elle en fut, à la fin, consumée !... »

Pendant l'offertoire de la messe pontificale, se déroula la touchante cérémonie de *l'oblation*, au cours de laquelle on offre au Saint-Père deux pains, deux petits barils de vin, cinq cierges finement décorés de miniatures peintes, et trois cages argentées et dorées renfermant, la première deux tourterelles, la deuxième deux colombes, et la troisième plusieurs petits oiseaux d'espèce différente.

Enfin, après la messe, le Pape donna une bénédiction solennelle ; puis il remonta couronné de la tiare sur la *Sedia gestatoria*, et passa de nouveau parmi la foule.

La grandiose cérémonie était terminée ; on se retira lentement non sans avoir jeté un dernier regard sur l'apothéose de la Sainte au-dessus de l'autel, qui la représentait dans son habit religieux, debout sur le monde, tenant un crucifix avec des roses, et entourée d'une légion de petits anges, dont l'un tenait une banderole sur laquelle étaient inscrits ces mots : « *Je reviendrai sur la terre pour faire aimer l'Amour.* »

C'en était fait ! La petite Thérèse Martin, la petite reine des Buissonnets, la petite fleur blanche, la petite Carmélite qui dévora silencieusement toutes ses souffrances, la douce colombe consommée d'amour pour le Christ, la *Chère Étoile du Carmel de Lisieux*, était maintenant une Sainte !..... Et elle avait obtenu cette couronne, vingt-huit ans après sa mort ; fait inouï dans les annales de la sainteté...

CHAPITRE VIII

La Petite Doctrine de la Sainte

Si Thérèse avait vécu au temps de Notre-Seigneur... — *L'enfance spirituelle* remonte à l'Évangile ; mais c'est notre Sainte qui l'a mise en lumière. En quoi consiste cette doctrine, accessible à tous. Comment elle a été consacrée par le Pape Benoît XV. — Un merci à la Petite Sainte.

Figurons-nous Thérèse vivant au temps de Notre-Seigneur...

Le Maître adorable, par un beau soir, est assis sur une roche, dans la campagne galiléenne, qui prend des teintes brunes et puis mauves, à mesure que le jour s'en va !...

Autour de Lui, un groupe l'écoute debout ; quelques femmes, ses disciples, et, au premier rang, des petits enfants ravis qui regardent le Sauveur, en écarquillant les yeux. Il est en train d'exposer une fois de plus sa doctrine : la nécessité des vertus, l'amour de Dieu et du prochain.

Tout à coup il voit venir à lui un grand vieillard, qui s'appuie sur une ravissante petite fille blonde, aux yeux pers : c'est Thérèse...

Le Maître a tout de suite discerné cette enfant ; il

lui fait signe en souriant ; et la petite vient se placer contre le Sauveur, qui, d'un geste paternel, passe son bras autour du cou de la nouvelle venue.

En la regardant, tout de suite une idée lui vient pour appuyer ses explications de tout à l'heure : « *Tenez*, dit-il, *en vérité je vous le dis, si vous ne vous convertissez pas et ne devenez comme ces petits enfants, vous n'entrerez pas dans le royaume des Cieux.* »

Notre-Seigneur connaît les deux grandes qualités de ces petits, de Thérèse en particulier, les qualités par excellence de l'enfance, la simplicité et la pureté !

« L'enfance croit, elle aime, elle agit sans aucun « retour sur elle-même, par un premier mouvement « du cœur, et voilà ce qui a plu au Sauveur. Il ne « demande ni de longues prières, ni d'éloquents dis- « cours, ni des méditations profondes ; mais une « volonté droite et un amour plein de candeur.

« N'avoir en tout de désirs que les siens, s'oublier « entièrement soi-même, se soumettre aux volontés « de l'adorable Providence sans chercher à les scru- « ter ; quoi de plus pur que cet abandon, que cette « simple obéissance ? (1) »

Notre-Seigneur a remarqué tout cela en Thérèse, et voilà pourquoi il l'aime !.....

Ceci n'est pas absolument une fiction ; car l'âme

(1) Lamennais, *Réflexions sur l'Imitation.*

du Christ et l'âme de l'humble petite fille devaient se rencontrer un jour, et notre sainte amie contenait bien en elle toutes ces qualités qui plaisent au Maître ! C'était une enfant, dans toute l'acception du mot, une *enfant vraie* et *véridique*, une âme de diamant ! C'est là l'origine de sa sainteté.

Remarquons-le ; si, plus tard, elle a pu indiquer aux autres sa petite voie de *l'enfance spirituelle*, c'est qu'elle-même l'avait pratiquée sans le savoir, dès son plus jeune âge, en même temps qu'elle y puisait la source de sa vocation : elle n'avait pas quatre ans quand elle avait dit ces paroles : « Je serai religieuse. »

Cette doctrine de l'enfance spirituelle remonte, nous venons de le voir, au temps où Notre-Seigneur prononça les mots que nous avons cités plus haut. Ce n'était donc pas chose nouvelle ; mais il faut bien reconnaître que jusqu'à Thérèse de l'Enfant-Jésus, cette doctrine n'avait pas tenu la place qu'elle méritait dans la mystique et dans la morale catholique.

C'est donc à notre Sainte que revient l'immense honneur de l'avoir mise en lumière comme elle l'a fait ; et à ce titre la place de Thérèse est unique !

Ajoutons que sa venue parmi nous était indispensable, surtout à notre époque, qui a rayé les mots admirables de *simplicité*, de *pureté*, d'*obéissance*, pour les remplacer par d'autres : révolte, impureté, complexité.

Nous avons cité précédemment plusieurs paroles de la Sainte qui permettent d'établir sa doctrine de l'enfance spirituelle, exposée particulièrement dans les chapitres IX, X, XI, de l'*Histoire d'une âme*; dégageons-en maintenant les lignes principales de façon sommaire.

C'est en 1895 que Thérèse commença à dire sa pensée à sa Prieure, voulant chercher, disait-elle, le moyen d'aller au ciel par une petite voie bien droite, bien courte, par une petite voie toute nouvelle :

« *Je voudrais*, exposait-elle, *trouver un ascenseur pour m'élever jusqu'à Jésus, car je suis trop petite pour gravir le rude escalier de la perfection. Alors j'ai demandé aux Livres saints l'indication de l'ascenseur, objet de mon désir, et j'ai lu ces mots sortis de la bouche même de la sagesse éternelle : « Si quelqu'un est tout petit, qu'il vienne à moi* (Prov., IX, 4). *Je me suis donc approché de Dieu, devinant bien que j'avais découvert ce que je cherchais. Voulant savoir encore ce qu'il ferait au tout petit, j'ai continué mes recherches, et voici ce que j'ai trouvé : « Comme une mère caresse son enfant, ainsi je vous consolerai, je vous porterai sur mon sein, et je vous balancerai sur mes genoux »* (Isaïe, LXVI, 13). *Ah ! jamais paroles plus tendres, plus mélodieuses ne sont venues réjouir mon âme. L'ascenseur qui doit m'élever jusqu'au Ciel, ce sont vos bras, ô Jésus. Pour cela, je n'ai pas besoin de grandir, il faut au contraire que je reste petite, que je le devienne de plus en plus.* »

Telle est la synthèse de la doctrine spirituelle de la Sainte : se faire tout petit, et monter à la perfection et au Ciel dans les bras de Jésus !

Nous allons voir maintenant comment on procédera pratiquement pour suivre cette voie.

D'abord, il faut être d'une absolue bonne foi, véridique dans ses paroles et aussi dans sa vie, et se défendre comme d'une plaie de la duplicité, de la contradiction, qui nous fait parler et agir autrement que nous ne pensons !

Le Pape Benoît XV a parlé en termes admirables de Sœur Thérèse, et il a loué de façon toute particulière sa véracité :

« Notre époque, hélas ! a-t-il dit, se montre trop inclinée aux duplicités et aux artifices frauduleux. Il ne faut donc pas s'étonner que la piété envers Dieu se soit tant refroidie, et la charité envers le prochain se soit tant diminuée ! Que l'on change ce genre de vie ! Aux mensonges, aux fraudes, à l'hypocrisie des mondains, que l'on oppose la sincérité de l'enfant. »

Cette base de la véracité une fois posée, tout le reste est solide ; et l'édifice de l'enfance spirituelle s'élève tout naturellement sur deux colonnes magnifiques : la simplicité et l'humilité, qui sont deux vertus sœurs.

Que Thérèse ait pratiqué et recommandé l'humilité nous n'avons pas besoin de le démontrer ; nous rencontrons à chaque pas des manifestations de cette douce vertu qui rend si aimables et si grands ceux qui la pratiquent !... Ne sommes-nous pas portés tout naturellement à aimer et à estimer quelqu'un qui prend soin de s'effacer et de s'abaisser tout en restant digne?

Que Thérèse ait eu le cœur candide, nous en avons eu des preuves exquises, à chaque page de son enfance et de son adolescence.

Naturellement, dans le cloître, elle devait encore accroître cette qualité : « Tout en elle, dit Monseigneur Laveille, était simple, naturel, sans terminologie savante. Elle a eu l'insigne privilège de présenter la sainteté sous un aspect vraiment évangélique en la dépouillant de toutes les complications dont l'esprit humain l'avait enveloppée au cours des siècles. » C'est dans ce sens qu'un docte théologien disait : récemment : « Sainte Thérèse de l'Enfant-Jésus a désencombré le chemin du Ciel » ; et un éminent prince de l'Église ajoutait : « Ce que j'aime en cette petite Sainte, c'est sa ravissante simplicité. Dans nos rapports avec le bon Dieu, elle a supprimé les mathématiques (1). »

On remarquera l'importance capitale de ces paroles prononcées par d'éminents prélats ; elles sont un présage d'avenir, et un magnifique hommage à la grande Sainte, qui s'écriait un jour : « COMME IL EST SIMPLE, SEIGNEUR, DE VOUS AIMER ! »

(1) Nous croyons qu'il faut comprendre cette phrase ainsi ; il faut éviter d'expliquer la religion avec des méthodes ou des tendances scientifiques et arides.

Parole vraie, profonde, qu'on ne pourra jamais assez méditer et appliquer !...

Quel est maintenant le couronnement de l'enfance spirituelle ? C'est une confiance sans bornes, absolue, sans défaillances en la bonté et la miséricorde du bon Dieu !

Le père aime ses enfants ; il ne déteste que leurs fautes ; et si nous nous réclamons tendrement auprès de Lui de notre petitesse, peut-il encore nous menacer de la rigueur de sa justice ? Non ! Thérèse nous assure que « *c'est parce que Dieu est juste, qu'il est compatissant et rempli de douceur, lent à punir et abondant de miséricorde ; car il connaît notre fragilité ; il se souvient que nous ne sommes que poussière* (1) ».

Le saint Curé d'Ars disait lui aussi : « Le Père éternel est excessivement bon ! Figurez-vous une pauvre mère obligée de lâcher le couteau de la guillotine sur la tête de son enfant ; voilà le bon Dieu quand il damne un pécheur. »

Ainsi donc plus de peur pour le Père, rien que de l'amour. Que ces idées sont consolantes et qu'elles nous rendent enfin le Ciel facile !

L'abbé Vianney a été canonisé quelques jours après notre Sainte : ces deux âmes méritaient de monter ensemble sur nos autels...

(1) Lettre de la Sainte à un missionnaire.

Cette doctrine de la confiance en Dieu, Thérèse la pousse jusqu'à ses extrêmes limites ; elle ne s'arrête pas en chemin, et ne fait pas de distinctions subtiles. Une âme engagée dans la voie d'enfance spirituelle doit se confier à la miséricorde divine relativement à ses fautes passées, quelque graves et nombreuses qu'elles aient pu être ; car, dit la Sainte, « *la faute jetée ainsi, avec une confiance filiale, dans le brasier de l'amour est aussitôt consumée sans retour.* »

Mais voici davantage, et qui est bien encourageant au milieu de nos difficultés quotidiennes : la Sainte voulait qu'on eût confiance en Dieu, au milieu des insuccès, des obscurités et des sécheresses : « *Le bon Dieu*, disait-elle, *m'a toujours secourue ; il m'a aidée ; il m'a conduite par la main dès ma plus tendre enfance ; je compte sur Lui...* »

Et comment l'âme fera-t-elle pour gagner les faveurs célestes et l'amitié de Jésus? « *Elle ne laissera perdre aucune occasion de lui faire plaisir, ne laissant échapper aucun petit sacrifice, aucun acte, aucune parole qui puissent lui témoigner toujours plus de tendresse ; et dans tout ce que l'on fait, comme dans tout ce que l'on souffre, elle saura lui sourire toujours.* »

Voilà sommairement les principes de l'enfance spirituelle, dont la principale originalité, a dit le P. Martin, consiste, « à force de confiance, d'amour et d'abandon envers Dieu, à se laisser porter par Lui, au moyen d'une parfaite correspondance à la grâce, jusqu'aux plus hautes cimes de la charité. Ainsi c'est Dieu qui fera tout. Cependant il faut bien remarquer que l'âme ne saurait plaire au divin Maître si elle s'endormait dans un quiétisme indolent! Le sommeil de l'âme aux bras de Dieu n'exclut pas la vigilance (1). »

C'est le mérite incomparable de Thérèse de l'Enfant-Jésus, comme ce sera sa gloire à jamais, d'avoir, sans en dissimuler le labeur, présenté la sainteté sous des traits si aimables qu'elle apparaît à la portée de toutes les âmes de bonne volonté, même aux plus petites et aux plus déshéritées (2).

Remarquons-le, la voie d'enfance spirituelle est ouverte à tous, même à ceux qui par leur âge ou leur savoir seraient tentés de ne pas l'emprunter. Ceci a été affirmé par notre Sainte, — et confirmé d'ailleurs par l'enseignement du Pape Benoît XV, lequel, mieux que d'autres, peut-être, fut à même d'apprécier les mérites de la petite voie, en raison de son humilité, de sa modération et de sa douceur, dont nous avons eu tant de témoignages au cours de la grande guerre.

Le Saint-Père s'en est expliqué d'une manière très

(1) *La petite voie d'enfance spirituelle.* P. MARTIN.
(2) Monseigneur Laveille.

claire à propos du Décret sur l'héroïcité des vertus de sainte Thérèse de l'Enfant-Jésus dans un discours remarquable dont nous donnons ci-après un extrait : « L'harmonie, dit-il, qui règne entre l'ordre des sens et celui des esprits permet de baser sur le premier les caractères de l'*enfance spirituelle*. Observons un enfant dont les pas sont encore incertains et qui n'a pas encore l'usage de la parole. Si un enfant de son âge le poursuit, si un autre plus fort le menace, ou si l'apparition imprévue de quelque bête l'apeure, où court-il se réfugier ? Où cherche-t-il un abri ? Entre les bras de sa mère !... Accueilli par elle et pressé sur son sein, il dépose toute crainte, et, laissant librement échapper un soupir dont ses petits poumons ne semblaient plus capables, il regarde avec courage l'objet de son trouble et de son épouvante, le provoquant même au combat, comme s'il disait : « Je me suis désormais confié à un sûr défenseur ; dans les bras de ma mère, je m'abandonne, avec la pleine assurance, non seulement d'être protégé contre tout assaut ennemi, mais aussi d'être conduit où il convient le mieux à mon développement physique. » De même, l'*enfance spirituelle* est formée de confiance en Dieu et d'aveugle abandon entre ses mains.

« Il n'est pas inutile de relever les qualités de cette *enfance spirituelle*, soit en ce qu'elle exclut, soit en ce qu'elle suppose. Elle exclut, en fait, le sentiment superbe de soi-même, la présomption d'atteindre par des moyens humains une fin surnaturelle, et la fallacieuse velléité de se suffire à l'heure du péril et de la tentation. D'autre part elle suppose une foi vive dans l'existence de Dieu, un pratique hommage à sa puissance et à sa miséricorde, un confiant recours à la Providence de Celui qui nous octroie la grâce d'éviter tout mal et d'obtenir tout bien. »

Et pour mieux établir la prééminence de l'enfance spirituelle, le Sauveur a dit encore : *Quiconque se fera petit comme cet enfant, sera le plus grand dans le royaume des Cieux.* Un autre jour, quelques mères lui présentaient leurs enfants pour qu'il les touchât, et comme les disciples les repoussaient, Jésus s'en indigna disant : *Laissez venir à moi les petits et ne les empêchez pas, car le royaume des cieux est à eux.*

« Devant l'insistance et la fermeté de cet enseignement, il semblerait impossible de trouver une âme qui néglige encore de suivre la voie de la confiance et de l'abandon, d'autant plus, nous le répétons, que la parole divine, non seulement par la généralité de la forme, mais par une indication spécifique, déclare cette ligne de conduite obligatoire, même pour ceux qui ont perdu l'ingénuité enfantine. Quelques-uns veulent croire que la voie de la confiance et de l'abandon est réservée uniquement aux âmes candides que la malice n'a pas privées des grâces du jeune âge. Ils ne conçoivent pas la possibilité de l'*enfance spirituelle* chez ceux qui ont perdu leur simplicité. Mais les paroles du divin Maître n'indiquent-elles pas la nécessité d'un changement et d'un travail? Et qui doit *redevenir* enfant, si ce n'est celui qui ne l'est plus? Il serait ridicule de songer à reprendre l'aspect et la faiblesse de l'âge infantile : mais il n'est pas contraire à la raison de découvrir dans les paroles évangéliques le précepte, également adressé aux hommes d'âge mûr, de retourner à la pratique de l'enfance spirituelle. »

A ces paroles du Saint-Père nous n'ajouterons qu'un mot, c'est qu'il est à souhaiter que tous, tant que nous sommes, devenus si complexes, nous puissions revenir à la simplicité du cœur, comme de petits enfants.

Il n'y a que cela qui nous donnera enfin lumière et paix!

C'est sur cette pensée que nous conclurions, si nous n'avions à dire tout particulièrement à notre Sainte un dernier mot : MERCI.

Merci! Chère Sainte, de la petite doctrine que vous nous avez apportée! Maintenant nous savons, nous qui ne pouvons escalader le Ciel, comme les grands Saints, que nous pouvons y parvenir par votre petite voie faite de ces mille « riens » de chaque jour accomplis avec vertu, et faite aussi de confiance en Dieu.

Merci encore, et surtout, de vous montrer si

accessible, si familière, osons-nous dire ! Avons-nous besoin d'un service moral ou matériel, vous êtes là, chère petite Amie !... Comme vous venez à point à notre époque où plus personne ne veut nous rendre service ! Mon Dieu, que vous êtes obligeante !...

Merci ! Petite fleur blanche, chère étoile du Carmel, aimable Pinceau de Jésus-Christ, douce colombe morte d'amour pour Lui !

Merci ! Petite reine de la famille ; aujourd'hui PETITE IMPÉRATRICE DU MONDE CATHOLIQUE !

Nous qui sommes de petites âmes parfois si faibles et si douloureuses, nous qui sommes de pauvres agneaux arrêtés par les buissons du chemin et tout saignants, nous avions besoin de quelqu'un pour nous guider.....

Merci d'être venue à notre aide pour nous permettre d'atteindre le Ciel et même un brin de sainteté, ô gentille Bergère, sous votre houlette !.....

POÉSIES

de sainte Thérèse de l'Enfant-Jésus

Ce que j'aimais.

Air : *Combien j'ai douce souvenance.*

Oh! que j'aime la souvenance
Des jours bénis de mon enfance!
Pour garder la fleur de mon innocence
Le Seigneur m'entoura toujours
D'amour.

Aussi, malgré ma petitesse,
A Dieu je donnai ma tendresse ;
Et de mon cœur s'échappa la promesse
D'épouser le Roi des élus,
Jésus.

J'aimais, au printemps de ma vie,
Saint Joseph, la Vierge Marie ;
Déjà mon âme se plongeait ravie
Quand se reflétaient dans mes yeux
Les cieux!

J'aimais les champs de blé, la plaine,
J'aimais la colline lointaine ;
Dans mon bonheur, je respirais à peine,
En moissonnant, avec mes sœurs,
Les fleurs.

J'aimais à cueillir les herbettes,
Les bluets, toutes les fleurettes :
Je trouvais le parfum des violettes
Et surtout celui des coucous
Bien doux.

J'aimais la pâquerette blanche,
Les promenades du dimanche,
L'oiseau léger, gazouillant sur la branche,
Et l'azur toujours radieux
Des cieux.

J'aimais, de la lointaine église,
Entendre la cloche indécise.
Pour écouter les soupirs de la brise,
Dans les champs j'aimais à m'asseoir,
Le soir.

J'aimais le vol des hirondelles,
Le chant plaintif des tourterelles ;
Avec plaisir j'entendais le bruit d'ailes
De l'insecte au bourdonnement
Bruyant ;

J'aimais la perle matinale
Ornant la rose de Bengale,
J'aimais à voir l'abeille virginale
Préparer sous les feux du ciel
Le miel.

J'aimais à cueillir la bruyère ;
Courant sur la mousse légère,
Je prenais, voltigeant sur la fougère,
Les papillons au reflet pur
D'azur.

J'aimais le ver luisant dans l'ombre,
J'aimais les étoiles sans nombre...
Surtout, j'aimais l'éclat, en la nuit sombre,
De la lune au disque d'argent
Brillant.

J'aimais à poser chaque année
Mon soulier dans la cheminée ;
Accourant dès que j'étais éveillée ;
Je chantais la fête du ciel :
Noël !

De maman, j'aimais le sourire,
Son regard profond semblait dire :
« L'éternité me ravit et m'attire.
Je vais aller dans le ciel bleu
Voir Dieu ! »

J'aimais encore, au belvédère
Inondé de vive lumière,
A recevoir les doux baisers d'un père,
A caresser ses blancs cheveux
Neigeux.

O souvenir ! tu me reposes,
Tu me rappelles bien des choses...
Les repas du soir, le parfum des roses,
Les Buissonnets plein de gaieté,
L'été.

Oh ! que j'aimais Jésus-Hostie
Qui vint, au matin de ma vie,
Se fiancer à mon âme ravie !
Oh ! que j'ouvris avec bonheur
Mon cœur !

Jésus, c'est toi l'Agneau que j'aime ;
Tu me suffis, ô Bien suprême !
En toi j'ai tout : la terre et le ciel même :
La fleur que je cueille, ô mon Roi,
C'est toi !

Jésus, beau lis de la vallée,
Ton doux parfum m'a captivée.
Bouquet de myrrhe, ô corolle embaumée,
Sur mon cœur je veux te garder,
T'aimer.

O toi qui soutiens tous les mondes,
Qui plantes les forêts profondes ;
D'un seul coup d'œil, toi qui les rends fécondes,
Tu me suis d'un regard d'amour
Toujours !

J'irai chanter avec les Anges
De l'amour sacré les louanges...
Fais-moi voler bientôt en leurs phalanges.
O Jésus, que je meure un jour
D'amour.

Attiré par sa transparence,
Vers le feu l'insecte s'élance :
Ainsi ton amour est mon espérance,
C'est en lui que je veux voler,
Brûler...

Je l'entends déjà qui s'apprête,
Mon Dieu, ton éternelle fête !
Aux saules, prenant ma harpe muette,
Sur tes genoux je vais m'asseoir,
Te voir !

Près de toi je vais voir Marie,
Les saints, ma famille chérie ;
Je vais, après l'exil de cette vie,
Retrouver le toit paternel
Au ciel...

La Reine du Ciel à une petite fille.

Air : *Petit oiseau, dis, où va-tu ?...*

Je cherche un enfant qui ressemble
A Jésus, mon unique Agneau,
Afin de les cacher ensemble,
Tous deux en un même berceau.

C'est toi-même que j'ai choisie
Pour être de Jésus la sœur.
Veux-tu lui tenir compagnie?
Tu reposeras sur mon cœur !

Je te bercerai sous le voile
Où se cache le Roi des cieux,
Mon Fils sera la seule étoile
Désormais brillante à tes yeux.

Mais, pour que, toujours, je t'abrite,
Sous mon voile, près de Jésus,
Il te faudra rester petite
Avec d'enfantines vertus,

Je veux que sur ton front rayonne
La ravissante pureté :
Mais la vertu que je te donne
Surtout, c'est la *simplicité*.

Comme une blanche pâquerette
Qui toujours regarde le ciel,
Sois aussi la simple fleurette
Du petit enfant de Noël.

Jésus tressera ta couronne,
Si tu ne veux que son amour ;
Si ton cœur à lui s'abandonne,
Il te fera régner un jour.

La survie : jeter des fleurs.

« Mes peines, mon bonheur, mes petits sacrifices :
Voilà mes fleurs ! » (p. 179)

Jeter des fleurs.

Air : Oui, je le crois, Elle est Immaculée.

Jésus, mon seul amour, au pied de ton calvaire,
Que j'aime, chaque soir, à te jeter des fleurs !
En effeuillant pour toi la rose printanière,
Je voudrais essuyer tes pleurs !

Jeter des fleurs !... c'est t'offrir en prémices
Les plus légers soupirs, les plus grandes douleurs,
Mes peines, mon bonheur, mes petits sacrifices :
Voilà mes fleurs !

Seigneur, de ta beauté mon âme s'est éprise ;
Je veux te prodiguer mes parfums et mes fleurs.
En les jetant pour toi sur l'aile de la brise,
Je voudrais enflammer les cœurs !

Jeter des fleurs ! Jésus, voilà mon arme
Lorsque je veux lutter pour sauver les pécheurs...
La victoire est à moi : toujours je te désarme
Avec mes fleurs !

Les pétales des fleurs caressant ton visage
Te disent que mon cœur est à toi sans retour.
De ma rose effeuillée, ah ! tu sais le langage,
Et tu souris à mon amour...

Jeter des fleurs ! redire tes louanges,
Voilà mon seul plaisir sur la rive des pleurs.
Au ciel j'irai bientôt avec les petits anges
Jeter des fleurs !

A mes petits Frères du Ciel, les saints Innocents.

Air : *Le fil de la Vierge* ou *La Rose mousse...*

Heureux petits enfants ! avec quelles tendresses
Le Roi des Cieux
Vous bénit autrefois et combla de caresses
Vos fronts joyeux !
De tous les innocents vous étiez la figure,
Et j'entrevois
Les biens que, dans le ciel, vous donne sans mesure
Le Roi des rois.

Vous avez contemplé les immenses richesses
Du paradis,
Avant d'avoir connu nos amères tristesses,
Chers petits lis!
O boutons parfumés, moissonnés dès l'aurore
Par le Seigneur...
Le doux soleil d'amour qui sut vous faire éclore...
Ce fut son Cœur !

Quels ineffables soins, quelle tendresse exquise
Et quel amour
Vous prodigue ici-bas notre Mère l'Église,
Enfants d'un jour !
Dans ses bras maternels vous fûtes en prémices
Offerts à Dieu.
Toute l'éternité vous ferez les délices
Du beau ciel bleu.

Enfants, vous composez le virginal cortège
Du doux Agneau;
Et vous pouvez redire, étonnant privilège!
Un chant nouveau.
Vous êtes, sans combats, parvenus à la gloire
Des conquérants;
Le Sauveur a pour vous remporté la victoire,
Vainqueurs charmants!

On ne voit point briller de pierres précieuses
Dans vos cheveux,
Seul, le reflet doré de vos boucles soyeuses
Ravit les cieux...
Les trésors des élus, leurs palmes, leurs couronnes,
Tout est à vous!
Dans la sainte patrie, enfants, vos riches trônes
Sont leurs genoux.

Ensemble vous jouez avec les petits anges
Près de l'autel!
Et vos chants enfantins, gracieuses phalanges,
Charment le ciel!
Le bon Dieu vous apprend comment il fait les roses,
L'oiseau, les vents;
Nul génie ici-bas ne sait autant de choses
Que vous, Enfants!

Du firmament d'azur, soulevant tous les voiles
Mystérieux,
En vos petites mains vous prenez les étoiles
Aux mille feux.
En courant vous laissez une trace argentée;
Souvent, le soir,
Quand je vois la blancheur de la route lactée,
Je crois vous voir...

Dans les bras de Marie, après toutes vos fêtes,
Vous accourez;
Sous son voile étoilé cachant vos blondes têtes,
Vous sommeillez...
Charmants petits lutins, votre enfantine audace
Plaît au Seigneur!
Vous osez caresser son adorable Face,
Quelle faveur!

C'est vous que le Seigneur me donna pour modèle,
Saints Innocents!
Je veux être ici-bas votre image fidèle,
Petits enfants.
Ah! daignez m'obtenir les vertus de l'enfance;
Votre candeur,
Votre abandon parfait, votre aimable innocence,
Charment mon cœur.

O Seigneur, tu connais de mon âme exilée
Les vœux ardents :
Je voudrais moissonner, beau lis de la vallée,
Des lis brillants!...
Ces boutons printaniers, je les cherche et les aime
Pour ton plaisir;
Sur eux daigne verser l'eau sainte du baptême,
Viens les cueillir!

Oui, je veux augmenter la candide phalange
Des Innocents;
Ma joie et mes douleurs, j'offre tout en échange
D'âmes d'enfants.
Parmi ces Innocents, je réclame une place,
Roi des élus;
Comme eux je veux au ciel baiser ta douce Face,
O mon Jésus!

La Rose effeuillée.

Air : *Le fil de la Vierge* ou *La Rose Mousse.*

Jésus, quand je te vois soutenu par ta Mère,
Quitter ses bras,
Essayer en tremblant sur notre triste terre
Tes premiers pas;
Devant toi, je voudrais effeuiller une rose
En sa fraicheur,
Pour que ton petit pied bien doucement repose
Sur une fleur.

Cette rose effeuillée est la fidèle image,
Divin Enfant!
Du cœur qui veut pour toi s'immoler sans partage
A chaque instant.
Seigneur, sur tes autels plus d'une fraiche rose
Aime à briller;
Elle se donne à toi, mais je rêve autre chose :
C'est m'effeuiller...

La rose en son éclat peut embellir ta fête,
Aimable Enfant!
Mais la rose effeuillée, on l'oublie, on la jette
Au gré du vent...
La rose, en s'effeuillant, sans recherche se donne
Pour n'être plus.
Comme elle, avec bonheur, à toi je m'abandonne,
Petit Jésus!

L'on marche sans regret sur des feuilles de roses,
Et ces débris
Sont un simple ornement que sans art on dispose,
Je l'ai compris...
Jésus, pour ton amour j'ai prodigué ma vie,
Mon avenir;
Aux regards des mortels, rose à jamais flétrie,
Je dois mourir!

Pour toi je dois mourir, Jésus, beauté suprême,
Oh! quel bonheur!
Je veux en m'effeuillant te prouver que je t'aime
De tout mon cœur.
Sous tes pas enfantins, je veux, avec mystère,
Vivre ici-bas;
Et je voudrais encore adoucir au Calvaire
Tes derniers pas...

Cantique à sainte Thérèse de l'Enfant-Jésus.

Paroles de Mère Isabelle du Sacré-Cœur,
du Carmel de Lisieux.

Musique
de F. de La Tombelle.

I

Grande petite Sainte, ô pure Sœur des Anges,
O Vierge, tu passas au-dessus de nos fanges,
Et ton cœur innocent vola vers le Seigneur...
Lui, de son doux Amour, il prévint ton enfance,
Et *cet amour devint comme un abîme immense*
D'une insondable profondeur.

REFRAIN

Préserve-nous des terrestres souillures,
Garde à notre âme ou rends-lui sa blancheur ;
Oh ! prête-lui tes mystiques parures,
Ton idéale et céleste candeur !

II

Salut ! enfant de paix et guerrier magnanime,
Ange consolateur, patiente victime !
Salut ! harpe joyeuse et vase de bonté,
Lumineux chérubin et simple violette !
Salut ! vierge prudente et douce pâquerette !
Salut ! rose de charité !

REFRAIN

Si le Très-Haut te donna tous les charmes
Et, dans tes mains, s'il a placé des fleurs,
C'est qu'il voulait, *par ces fragiles armes*,
Vaincre et sauver la foule des pécheurs.

III

Tu formais ici-bas des projets grandioses.
Sur le point de mourir, tu nous promis des roses,
Pourquoi pas d'autres fleurs du céleste Jardin ?
Ah ! nous avons compris la poétique image :
C'était, dans ton aimable et suave langage,
Nous promettre l'amour divin !

REFRAIN

En répandant cette onde parfumée,
Tu fais connaître et bénir le Seigneur ;
L'humanité, frémissante et charmée,
Admire et loue, en toi, son Créateur.

IV

O sainte et douce enfant, nous te livrons nos âmes !
Viens leur communiquer tes séraphiques flammes :
C'est le plus précieux et le suprême don ;
Vers le Ciel, guide-nous, par ta *petite voie* ;
Épanche en nous l'amour, l'humilité, la joie,
La confiance et l'abandon.

REFRAIN

Près de Jésus, dans le chemin d'enfance,
Fais-nous marcher, voler joyeusement ;
Tout notre espoir repose en sa clémence,
Nous voulons vivre et mourir en l'aimant.

V

Le Cœur divin déborde et son amour le presse...
Tu t'offris en victime aux flots de sa tendresse,
Et lui, comme un torrent, t'inonda de ses feux;
De sa suavité, tu fis l'expérience,
Et tu nous le montras plein de compatissance,
Doux et miséricordieux.

REFRAIN

Petite reine, entends notre prière :
Tous nous rêvons une place à ta cour;
Enrôle-nous sous ta blanche bannière,
Offre à jamais nos cœurs au Dieu d'amour.

TABLE DES MATIÈRES

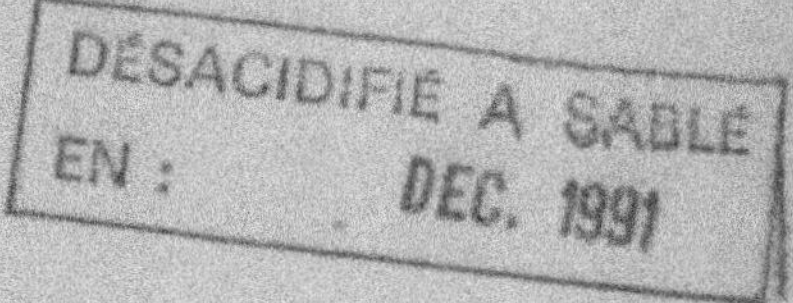

LIGUGÉ (Vienne). — Impr. E. AUBIN.

www.ingramcontent.com/pod-product-compliance
Ingram Content Group UK Ltd.
Pitfield, Milton Keynes, MK11 3LW, UK
UKHW022019170726
13837UKWH00001B/274

9 782329 256504